드로잉
자전거
여행

네덜란드, 벨기에, 제주, 오키나와에서

드로잉 자전거 여행

김혜원 그리고 찍고 씀

씨네21북스

목 차

들어가며 06

제 자전거를 소개합니다 08

암스테르담
28

로테르담
104

THINK BICYCLE 1
100

안트워프
190

브뤼셀 222

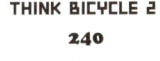
THINK BICYCLE 2
240

제주 244

THINK BICYCLE 3
277

오키나와 280

THINK BICYCLE 4
322

1/2박으로 간다 328

들어가며

제 두 번째 여행기입니다.
2009년부터 2013년까지 네덜란드, 벨기에, 제주, 오키나와를 다니며
드문드문 조금씩 그린 원고예요.
조금은 들쭉날쭉하지만, 오랫동안 만진 원고인 만큼
한 번에 보는 것보다 조금씩, 생각날 때마다 펼쳐보시면
더 많은 걸 발견하실 수 있을 거예요.
거창한 여행기 같지만 다른 누구보다 저 같은 동네 라이더들을 위해 그렸습니다.
무심코 자전거 하나 샀다가, 여기저기 돌아다녀보니 좋았거든요.
다른 분들도 그랬으면 좋겠습니다.

오랫동안 만지작거렸더니 저도 모르는 사이에 도움을 많이 받았네요.
우선 어지러운 원고를 정리해주신 씨네21북스 편집부와 디자이너 손현주 님,
이 책과는 다른 버전이지만 일어판 전자책 제작 지원을 해주신
한국만화영상진흥원, 강방화 번역자님, 원고 뒷정리를 도와준 초피 님께
감사드립니다.

이름 : 나
직업 : 만화가
나이 : 어른
좋아하는것 : 자전거 타기

BICYCLE TRIP
제 자전거를 소개합니다

내 자전거 입니다

저를 자전거 타기로 인도한 훌륭한 자전거입니다.

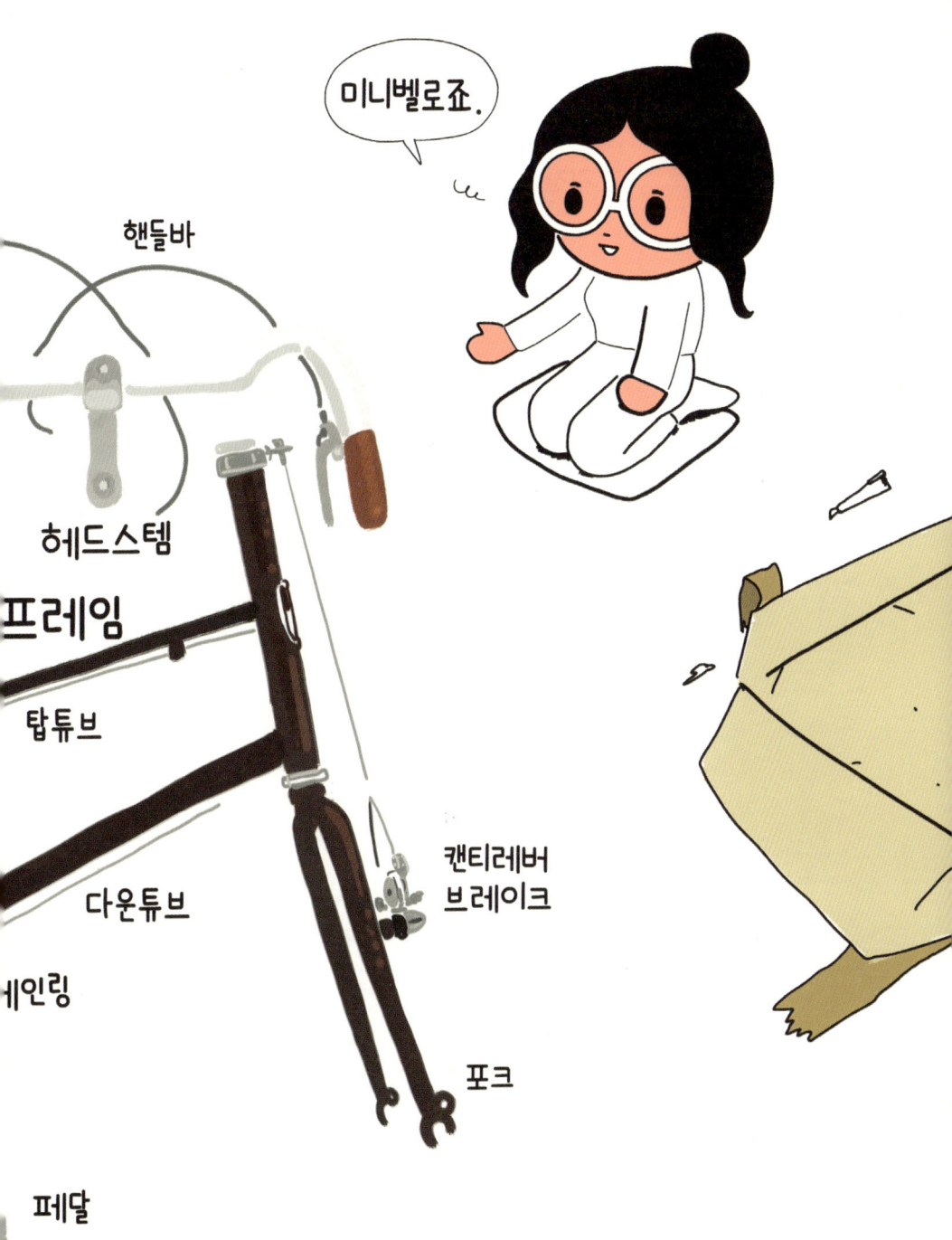

나는 자전거를
굉장히 **좋아한다**.

얼마나 좋아하냐면

여름에도 타고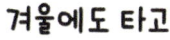

낮에도 타고

밤에도 탄다.

2008년은
나에게 딱 맞는 나만의 자전거를 갖게된 때이자
나와는 뗄 수 없는 진지한 사이가 된,
자전거와의 동행이 시작된 때이다.

우리 집 근처엔 홍제천으로
연결된 자전거 길이 있었다.

4년 가까이 살았던 동네였는데
자전거를 사고 그 길을 처음 가봤다.

여름엔 고수부지 수영장도 갔다.

친구들과 피크닉도 했다.

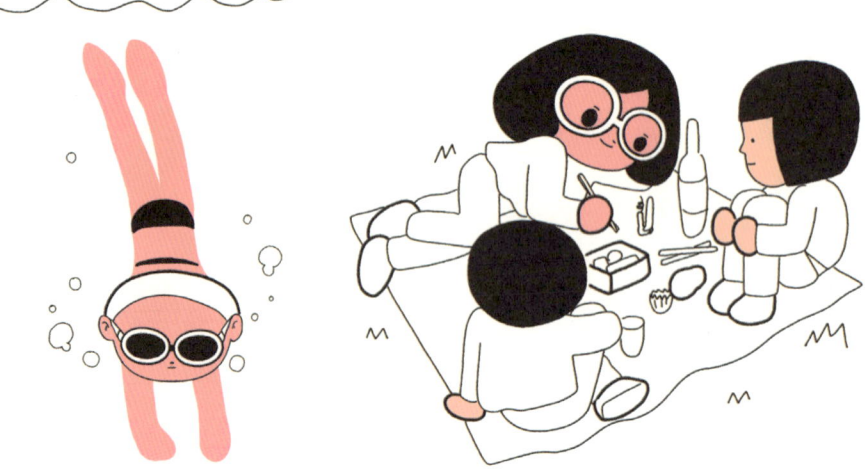

마포에서 출발해
한강길을 따라갔더니

그저 페달만 굴렀는데
어느새 분당에 와 있었다.

자전거를 타면
서울의 이곳저곳을 다 다닐 수 있었다.

나의 활동 영역은 점점 넓어져
전에는 차로 다니던 모든 곳을
자전거로 다니게 되었다.

지구도 둥글고
바퀴도 둥글다.

자전거를 타고 어디든 갈 수 있다.

나는 매일 자전거를 타고 여행한다.

자전거는 내가 지나는 풍경을 멋지게 만들어준다.

이것은 내가 자전거를 통해 구경한 세상 이야기이다.

(별거 없는) 자전거 편력기

처음엔 D사의 접이식 자전거를 샀다.

두 달 타고
미니벨로로 바꿨다.

상수동 썽이샵 사장님께
의뢰하여 빌딩한 것이다.

나의 주문 내용은 두 가지.
단순하게 생길 것.
(sti레버를 싫어해서 다운튜브 쉬프터가 달린 크로몰리 프레임으로 선택)
그리고 예산 안에서 가능한 가벼운 것일 것.
Surly의 Pacer 프레임에 구동계는 시마노 105셋, 마빅 휠셋으로 맞췄다.
무게는 9킬로그램이고 비용은 200만원 초반 소요됨. (현재는 더 저렴해졌을 듯.)

Camera! Camera!

이야기를 시작하기 전, 본문에 등장하는 사진들을 촬영한 카메라를 소개합니다.

핫셀블라드 500CM

중형 필름 카메라. 골동품급 오래된 카메라지만 화질이 최고. 을지로 지나가다 충동구매한 것으로 앞으로 나올 사진 중 정사각형의 사진은 다 이걸로 찍은 거라고 보면 된다.

님들 이 카메라 얼마나 무거운지 모르죠? 후훗...후후훗..

크기는 또 얼마나 큰지... 가방의 반을 잡아먹죠. 하아 대견한 나...

후지 나추라 클라시카
플래시를 터뜨리지 않아도 되는 전용 1600감도의 필름으로 소문난 카메라.
단종된 모델로 일본 가서 구입했다. 중형이 아닌 나머지 사진은
다 이걸로 촬영. 가볍고 자동이라 스냅용으로 좋다.

소니 넥스-5
유일한 디카.
디카는 자료용으로만 사용한다.
본문에 나오는 배경이나 이미지들은
다 이것으로 찍어서 재구성한 것.

1

BICYCLE TRIP

암스테르담

Amsterdam

자전거 여행을 떠난 시기
나의 신분은 O L (Office Lady).

회사에 좀 긴 휴가를 내고
9박 10일간의 자전거 여행을 떠났다.

왜 네덜란드?

자, 우선
네덜란드는 유럽에 있다.
이 나라들과 이웃하고 있다.

유명한 것

튤립 풍차 나막신

미피 히딩크 반고흐

 에르네스트 로페즈...

그리고... # 운하

네덜란드는 '물보다 낮은 땅' 이란 의미!

국토의 33%가 해수면보다 낮거나 해발 1미터 이하인 네덜란드는 자연을 변형시켜 터를 이룩한 나라다.

네덜란드의 역사는 개간의 역사로도 볼 수 있다.

So,

네덜란드는 평평하다

평평하니까 자전거 타기 좋겠지?

자전거 왕국

수도 암스테르담은
'유럽 자전거 수도'란 별명을 갖고 있을 정도!

암스테르담의 경우
75만명 인구에 60만대의 자전거,
400km의 바이크패스가 있다.

서울의 3분의 1 크기 도시에 바이크패스만 400km.
참고로 서울-부산 거리가 400km 조금 넘는 정도지.

사람은 인도

차는 차도

"이것이 실제로 일어났습니다!"

자전거는
자전거 도로

Itinerary
여행지 정하기

> 암스테르담에서 시작. 어디 어디를 갈까?

낯선 곳에서의 첫 장거리여행이므로 신중하게. '자전거로 여행한다'라는 테마에 맞춰 방문도시를 고른다.

그리하여 이렇게 정했다.
네덜란드 암스테르담에서 벨기에 브뤼셀까지 약 230킬로미터의 구간! (고속도로 기준이라 실제 루트는 더 길다.)

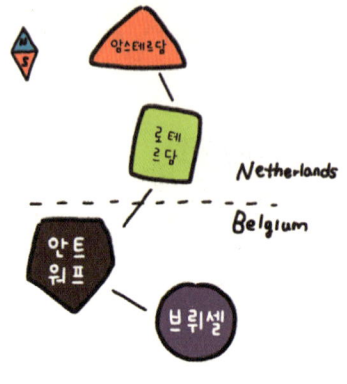

관광도 좀 하면서 쉬엄쉬엄 다니기에 이 정도면 괜찮지 않을까?

> 제주도도 갔다 왔는데 뭐

라고 순진하게 생각.

나는 사실 가이드북을 잘 보지 않는다.

> 사람 사는 데는 다 똑같아~

> 가면 공짜로 지도책도 준다구!

* 이것도 보통은 무료인 나라가 많은데 네덜란드는 유료였다.

이 안일한 계획으로 곧 대가를 치르게 되니… 가이드북, 제대로 된 지도 없이 외국길을 달려보려고 했던 건 큰 실수였다.

네덜란드 도착

네덜란드에 왔다.

시폴 공항

(내가 많은 공항을 다녀본 건 아니지만)
이렇게 직관적이고, 다니기 쉬운 곳은 처음이었다.
게이트부터 입국수속소가 일직선으로 놓여 있다.
구불구불 올라가고 내려가고 그런 거 없다.

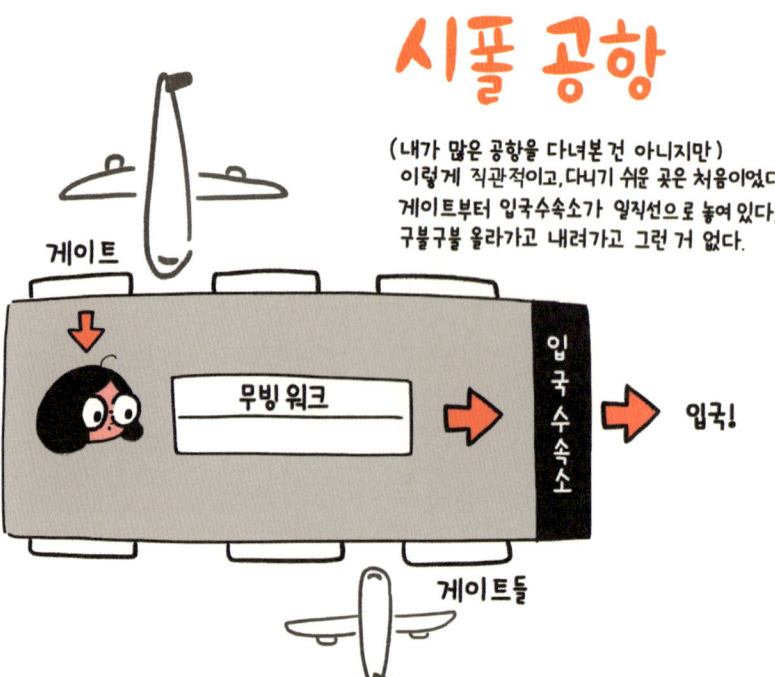

시폴 공항 하면 생각나는 게 있다.
알랭드 보통의 《여행의 기술》이라는 책에서는
시폴 공항을 통해 입국할때의 이국적인 첫인상을
이런 식으로 말했다.

'a자 두 개가 나란히 나오고 U와 I가 잇달아 나오는 간판'

- 알랭드 보통의
  《여행의 기술》中
  시폴 공항 이정표에 관한 내용

Aankomst (도착), Uitgang (출구) 라는
기본적인 표현도 외국어로 되어 있던것이
충격적인 것이었을까?
영어권의 인간은 세계 어딜 가도 영어 표기에 익숙하니까
외국어에 대한 감회가 남다른 것인지도 모르겠다.

입국 심사도 간소하다.

박스 포장해서 큰 짐으로 부친
자전거를 받아 나왔다.

자전거부터 조립했다

이 두 개의 연장이 핵심 도구. 페달을 빼주는 스패너와 접이식 육각렌치.

잠깐이면 됨!

펌프는 주행 중 펑크났을 때뿐만 아니라 비행기 탈 때도 필요하다. 비행기 짐칸의 압력에 튜브가 터질 위험이 있기 때문에 자전거를 부치기 전에 바람을 약간이라도 빼주어야 한다.

나에게는 불안증이 하나 있는데 처음 가는 도시에서 첫 숙소에 무사히 짐을 풀 때까지는 계속 긴장 상태인 것이다.

비행기가 지연돼서 연결편이...

수하물이 분실되면...

헉

심야에 도착하면 숙소는 어떻게 찾아가지...

택시를 타면 엄청나게 비싸겠지...

헉

공항에서 시내로 들어가는 건 대중교통을 이용할 때도 조금씩은 부담스러운 법.

아이팟 터치로 구글맵을 저장해 갔다

하물며 낯선 외국에 도착하자마자 자전거로 길을 찾아야 하다니...

공항에서 자전거로 시내 들어가기

미리 찾아둔 정보를 보면
시내까지의 거리는 약 10여km. 차로는 이십여 분 거리.
길만 잃지 않는다면 동네 마실 나가는 정도지.

자전거를 (무사히) 조립하고
처음으로 밟아보는 도로의 느낌!

우앙~

자전거 도로와 이정표가 잘 되어 있어
시내로 찾아가는 것은 어렵지 않았다!

고속도로

3번  SLOTERWEG

MAP of AMSTERDAM

1100년대까지만 해도 이곳은 그냥 강줄기만 있는 황무지였다.

북부 유럽인이 조금씩 내려와 살기 시작하던 중 1200년대 홍수로 큰 물줄기가 생기고

그 후 배도 들어오고 인구도 늘고 치수를 위해 운하길을 세분하여 댐을 건설했다.

보시다시피 현재의 암스테르담은 육지가 반, 물길이 반이다.

지금 보시는 것은 암스테르담 지도입니다.

책에 안 나오는 부분도 유명하면 표시했어요.

지도 사용법을 설명하는 자세?

공항 방향

VOND PAR 폰드

네덜란드 자전거풍경

덧치들은 크다!

여자들도 엄청 크다!
식당에서 밥을 시키면
산더미처럼 많이 주는 것도
그래서인 듯!
체형때문인지 미니벨로는
거의 타지 않는다.

우리나라에서
쌀집 자전거라고 부르는
커다란 구식 싱글기어 자전거를
가장 많이 탄다.

똑같은 말레이곰이 북반구에 가면
따블로 커지는 거랑 같은 원리일까?

TRADITIONAL DUTCH COSTUME

- 변속기 없음
- 자물쇠, U락부터 쇠사슬까지 다양하다.
- 짐받이는 필수.
- 엄청 낡고 녹슨 자전거가 대다수
- 싱글기어

이것이 바로 네덜란드의 국민 자전거!

운전자들

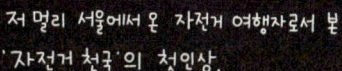

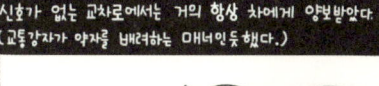

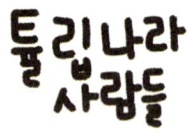

이라선지 꽃을 한 아름씩 안고
가는 사람들이 많다.
자전거에 꽃을 싣고 다니는 풍경도
암스테르담만의 멋이 아닐까?

한 손에 튤립 다발을 들고
한 손으로만 운전하는 남자.

미니벨로는 거의 없지만
BMX나 픽시는 가끔 보인다.
Leidseplein 부근의 빈 공간에서
트릭 연습을 하던 멋진 청년.

미니벨로를
타고 지나가면
시선이 느껴진다.

우리나라에서
인기 있는
미니벨로는
거의 안 탐.

안장이 낮다.

앞, 뒷바퀴 허브 옆으로
발받침이 되어 있음.

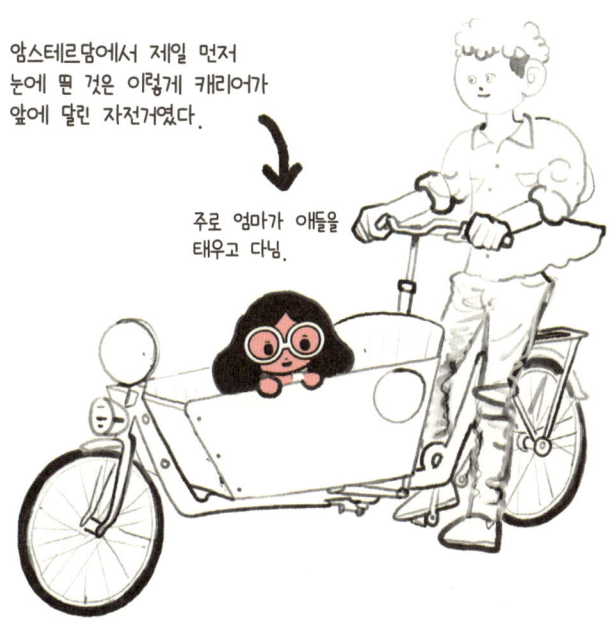

암스테르담에서 제일 먼저 눈에 띈 것은 이렇게 캐리어가 앞에 달린 자전거였다.

주로 엄마가 애들을 태우고 다님.

짐도 실을 수 있고, 다양하게 개조해서 타는 모습을 봤다.

도둑 조심

다니다 보면 프레임만 남은 자전거, 사슬에 묶인 휠만 남은 자전거, 안장이나 액세서리를 다 뽑아간 자전거가 흔하게 보인다.

이게 모지...

암스테르담엔 자전거가 많은 만큼 자전거 도둑도 많다고. 다들 낡은 자전거를 타고 다니는 것도 그런 이유라고 한다.

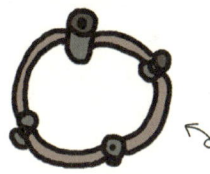

무려 2.5kg... 후후후....

그래서 난 전문기구 없이는 절대 못 끊는다는 4관절락을 가져왔지.

뿌직

없으면 빌려 타자

YELLOW BIKE
TOURS & RENTALS

자전거 대여 업체도 성행 중이다.

가장 흔하게 보이는 두 곳. 가격은 하루에 10유로 이상...

AMSTERDAM
Mac Bike
CITY OF BIKES

운하를 따라 다닥다닥 모여 있는
건물들. 똑같은 모양이 하나도
없이 다 다르다~!

암스테르담의 첫인상

1. 오래된 도시로구나.

2. 그냥 커다란 '마을' 같다.

암스테르담에는 '다운타운'이라 할 만한
구역이 없다. 고층 빌딩이 모여있는
지역이 없고 전부 오래된 건물들만 있으니
간판을 보지 않으면 여기가 가게인지
사무실인지 알 수가 없다.

거리를 다닐 때 가끔
풍겨 오는 약초 냄새?
바로 마리화나.
암스테르담은 마리화나가 합법.
(원래는 걸어 다니면서
피우는 건 불법이라고 함)

암스테르담 건물의 특징

건물마다 이렇게 앞으로 튀어나온 블록이 있다. 건물 공간상 계단이 좁아 이삿짐을 나를 때 저기에 밧줄을 걸어 창문으로 옮기기 위해서라고 한다.

건물의 정면 벽면도 가구를 끌어올릴 때 벽돌면에 부딪혀 상처를 입지 않도록 약간 기울여져 있다고 한다.

대체로 뒤쪽(안쪽)에는 작은 마당이 있다! 밖에서는 다닥다닥 붙은 건물벽면만 보이지만 안쪽에는 건물을 통해서만 들어가 볼 수 있는 정원이 꾸며져 있다!

네온사인

오래된 건물의 벽돌 질감이 네온사인과 의외로 잘 어울린다!

나는 네온사인을 좋아한다. ♡

네온사인이 어설픈 디자인간판 보다 훨씬 멋지다.

창문과 발코니

공간이 귀해서인지 한치라도 더 활용하기 위해
발코니를 설치한 건물이 많다.
작게는 화분들로 미니정원을 꾸미거나
테이블과 의자를 놓은 1인용 발코니가 있는가하면
해먹을 달고 책을 읽는 사람도 봤다.

봐도 봐도
질리지가
않아.

멍

트램 레일에
바퀴가 끼지 않도록 조심.

90여 개의 섬
160여 개의 운하
1200여 개의 다리

암스테르담은 운하로 갈라진 땅이라기 보다는 바다 위 자잘한 섬들이 다리로 연결되어 있는 게 아닐까 싶을 만큼 많은 운하와 다리가 있다.

그렇게 많고 많은 다리. 그 다리들의 머리 기둥장식이 모두 다르다면?

운하다리 장식물

RhijnSpoorplein

라인스푸르 광장 다리의 장식. 네덜란드 철도사를 기념하는 조각으로 아렌트라는 1839년의 첫 증기기관차, 1908년의 첫 번째 전기기차, 그리고 1934년의 첫 디젤 기관차를 보여주고 있다.

1930년 경에 만들어진 다리. 황제 왕관에, 기둥사면에는 암스텔 왕가의 십자가와 SPQA라는 라틴어 약어가 새겨져 있다.
SENATUS POPULUSQUE AMSTELODAMENSIS
= COUNCIL AND PEOPLE OF AMSTERDAM.

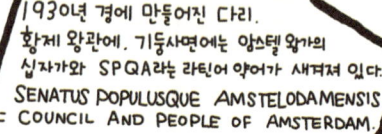

돌아다니다 형태가 모두 다른 다리 장식이 재미있어 틈나는 대로 사진을 찍어 왔던건데 이렇게 깊은 의미가 있을 줄은 몰랐음...

하우스보트

네덜란드 명물 수상가옥.
땅이 귀한 곳이라 물 위에서 산다.
호스텔 중에는 이런 하우스보트를 숙소로 쓰는 곳도 있다.

배의 앞 뒤 갑판은 베란다 역할을 한다.
테이블과 의자를 펼쳐두고
와인을 마시며 여유를 부리는 모습이
인상적이었다.

하우스보트 두둥 입니다~

화분에, 애완동물까지...

건물에도 명함이 있다?

네덜란드어로는 Gevelstenen.
'조각하고 색을 입힌 돌 판'이라는 뜻이다.
건물 벽에 설치하는 것으로 상징이나 의미를
담고 있으며 (건물주의 직업을 나타내는 등) 동시에
건물을 장식하는 역할도 한다.

집주인이 작가라는 뜻!

이것은 바이아르드란 전설의 말 이야기를 담은 것.
샤를마뉴공의 기사에게는 4명의 아들이 있었는데
그 중 레이나우이란 아들은 너무 힘이 세서 제대로
타보기도 전에 말을 죽일 정도였다고. 그는 사람들에게
공포의 대상인 바이아르드라는 난폭한 말을 길들여서 타게 된다.
어느 날 샤를마뉴공의 아들과 체스를 두다 싸움이 벌어지자,
4명의 아들들은 쫓기는 신세가 된다. 샤를마뉴는 화해의
조건으로 바이아르드를 요구하고 주인 외에는 아무도 다룰 수 없는
말이기 때문에 강에 가라앉혀 죽이기로 한다.
말은 워낙 힘세고 영리해서 몸에 바위를 걸어도 두 번이나
바위를 부수고 주인이 보고 있는 강둑으로 헤엄쳐 온다.
그러나 결국 주인의 뜻을 눈치채고 그냥 가라앉아 죽고만다.

미스터리 조각상

@ MARNIXSTRAAT

1982년의 어느 날, 암스테르담에서 이상한 사건이 일어났다. 하룻밤 사이에 아무도 모르게 머리가 없는, 바이올린 케이스를 든 남자 조각상이 설치된 것이다. 목격자도, 작가에 대한 단서도 찾을 수 없던 이런 조각상은 2007년까지 총 7개가 등장한다.

@ KINKER STRAAT

@ OUDE KERK SQUARE

이런 것도 있었지만 파손되어 없어졌다고 한다.

@ ANJELIERSTRAAT

작가는 누구?

@ CITY HALL

일련의 작품들의 작가는 누구일까.
가장 널리 퍼져 있는 것은
외과의사 흐라프라는 설이다.
또다른 유력한 설은 네덜란드 여왕인 베아트릭스라는 것.
시청에 설치한 작품의 경우는 정부의 허락과
협력 없이는 불가능하기 때문이라고.

톱질하는 조각의 수난기

나무 위에 있는 톱질하는 남자 조각상.
이 작품은 번화한 길가에 위치해서 파손이나 분실되기 쉽게 생겼음에도
지금도 자리를 잘 지키고 있는데, 여기엔 약간의 사연이 있다고 한다.

@ LEIDSE BOSJE

1996년의 어느 날
남자의 톱이 사라졌다.

그러나 실종도 잠시.
하룻밤 사이 톱은 다시 제자리로 돌아왔다고.

2년 후
이번에는 남자의 모자가 사라졌다.

who has my hat?

일주일 후 나뭇가지에
'누가 모자를 갖고 있나요?'
란 메모와 전화번호가 붙었고

짜잔~
모자도 결국
다시
돌아왔다.

길거리 음식들

자전거 타다가 배고프면 길거리 음식이 딱이지.

냠 냠

DAM광장 감자튀김

앙스테르담의 명물 감자튀김. Dam광장변을 따라 수많은 감자튀김집이 있다. 특이한 점은 뿌려주는 소스가 마요네즈라는 것. 어울릴까? 하는 의구심은 한입 먹는 순간 훨훨~ 한국에 와서 아무리 감자튀김에 마요네즈를 찍어 먹어봐도 그 맛이 안 나네.

MAOZ 팔라펠

팔라펠이라는 콩으로 만든 완자를 튀긴 것과 각종 야채,소스를 햄버거처럼 싸 먹는 음식. 재료에 고기가 들어가지 않는데도 육덕진 맛이 일품이다. 곁들이는 야채를 샐러드바 형식으로 만들어서 채식인들에게 인기가 높은 듯. 한국에도 몇년 후 이 체인점이 잠시 들어왔지만 인기를 끌지 못하고 사라져버렸다.

WOK TO WALK

요즘은 우리나라에도 꽤 들어온 테이크아웃용 누들 박스. 재료와 소스 면 종류를 고를 수 있게 한 볶음 누들. 중화요리와 태국 요리의 중간쯤? 그 느낌이 이국적인지 항상 북적대는 가게였다. 손님이 그야말로 득실득실.

Museumplein
일명 뮤지엄광장

그럼
I amsterdam 카드를 갖고
박물관들을 하나씩 구경하러 가볼까?

미니 도서관이있다.
물론 사진집으로 된 화집들 위주.
자유롭게 꺼내봐도 좋고
소파도 있어서 편히 볼 수 있다.

지하엔 음료수를 마실 수 있는
휴게공간도 있다.
창문 뒤로는 마당이 보인다.

다른 전시룸에 비해 메인 전시룸은
꽤 널찍하다.
천천히 작품을 구경하기 좋다.

The Open Garden Day

매년 6월 셋째 주말마다
열리는 오픈 가든 데이.
운하주변의 정원 30여 곳이
일반에 공개되는데
이 박물관 뒤편에 있는 정원도
포함된다.

지하 휴게실.
뒷마당에는
정원이 예쁘게 꾸며져 있고
에르메스상이 보인다.

또다른 사진 박물관 foam

반 고흐 뮤지엄

네덜란드는 반 고흐의 고향.
암스테르담 하면 반고흐 뮤지엄부터
나올 만큼 가장 인기 있는
관광지이자 뮤지엄이다.

암스테르담 하면
반 고흐 뮤지엄이지!

들어서자마자 철망 안에 줄을 서서
검문을 받는다.
이렇게 경비가 삼엄한 뮤지엄은 처음.

촬영 금지.

에?

사진촬영금지일뿐만 아니라
아예 입구에서 가방을 열어
카메라를 맡겨야 한다.

왜 이렇게
사람이 많냐~

엉덩이와
겨드랑이에 치이면서
걸어야함...

거인 나라에 온 호빗

FRIDAY NIGHT

알고 보니 그날은 일명 [프라이데이 나잇]이라고 한 달에 한 번 금요일에 하는 이벤트가 있는 날이었다. 어쩐지 현지인과 단체관광객으로 들끓고 있었다.

로비에서는 디제잉을 하며 각 층 벽면에 사람들을 실시간으로 찍은 영상을 쏘고 있었다.

게다가 때를 잘못 잡았는지 보고 싶었거나 기대했던 작품은 다 대여 중... 엑기스는 다 쏙쏙 빠져나간 전시장이었다.

관람환경이 쾌적하지 않아선지 그림도 보는 둥 마는 둥 했다.

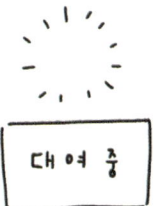

반 고흐 그림만 있는줄 알았는데 르동, 고갱 등 다른 화가 작품들도 있다.

벽걸이 TV 광고에 나오는 명화 그림 만큼이나 감흥이 없다...

다시는 안 올거야~
(못 오는 거겠지만...)

뮤지엄샵

전시장 나오는 길에 있는 뮤지엄샵엔
꼭 들러서 꼼꼼히 구경한다.
전시에서 봤던 것을
환기시켜주기도 하고
예술작품을 센스 있고
재미있게 비튼 상품들을
볼 수 있기 때문.

세계사 단위 자
나무로 된 자.
세계사 연표가 예쁘게 찍혀 있다.

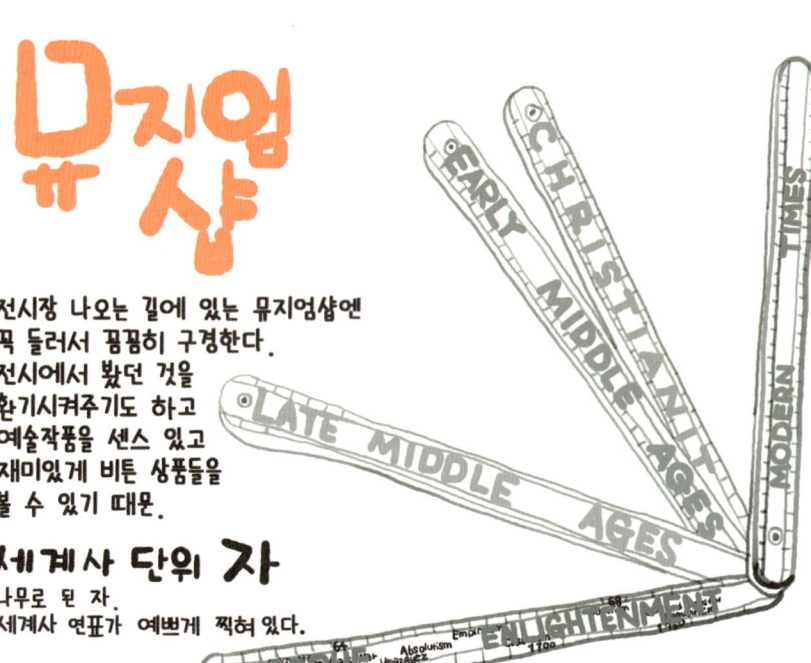

렘브란트 연필깍지

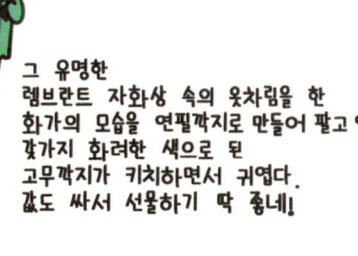

그 유명한
렘브란트 자화상 속의 옷차림을 한
화가의 모습을 연필깍지로 만들어 팔고 있다.
갖가지 화려한 색으로 된
고무깍지가 키치하면서 귀엽다.
값도 싸서 선물하기 딱 좋네!

반 고흐 해바라기 화분

반 고흐 그림만 인쇄된 다소 지루한
기념품 사이에서 개성이 있던 것.
해바라기 씨앗이 들어 있는 화분 세트인데
해바라기 그림이 인쇄된 종이 박스 겸
화분에 해바라기가 자라면 재미있겠다.

Delft
Ware

델프트 도자기.
흰색 초벌 도기에 파란색만으로 그림을 입혀 굽는다.
동양의 청화백자에서 영향 받은 페인팅 기법으로 만들어진
네덜란드의 대표적인 공예품. 델프트라는 도시에서 주로
만들어져서 델프트 도자기로 불린다.
가격은 천차만별이긴 하지만 대체로 싸고
소박하고 귀여운 맛이 있다.

레이디 가가
이분이 무대의상으로
입고 나오신 적도 있다...

도자기 무늬
스티커

델프트 도자기를 모티브로 한 기념품으로 이 뮤지엄뿐만 아니라
네덜란드 어딜 가나 마주칠 수 있지만 이곳의 스티커가 특히 귀여웠다.
하얀 타일에 붙이기만 하면 델프트 도자기 타일로 변신시켜주는 스티커.

유명한 장소

유명한 장소라면?
암스테르담의 남산타워, 63빌딩, 경복궁 같은 곳을 말하는 거지.

문트탑

1400년대 세워진 시계탑. 아직도 30분 간격으로 종을 울린다. 지금이야 별 특색 없어 보이지만 옛날에는 가장 눈에 띄는 건물이었겠지. 바로 옆엔 꽃 시장이 있으니 들러서 튤립 구근을 사갈까?

멋진 기념품이 아닌가?

여기에 종이 28개가 들어 있다고.

마담투소 왁스뮤지엄

여기서 내려다보는 담 광장 풍경이 아주 시원함

베컴 마돈나 오바마 이런 유명인들을 실제처럼 만들어놓은 왁스상을 전시한 뮤지엄. 입장료가 비싸나 한번쯤 가볼 만하다.

마헤레 다리

지금은 별 개성 없어 보이지만
역시 역사가 깊은 다리.
별명은 skinny bridge로
원래는 한두 명이 간신히 지나다닐
좁은 다리였다고 한다.
<007 다이아몬드는 '영원히'> 도입부에
이 다리가 배경으로 등장하기도 함.

I AM STERDAM

아이엠스테르담은 일종의 통합 관광 패키지로
암스테르담 방문객용 관광카드, 안내 서비스 등을
지칭하기도 한다. 뮤지엄 광장에는 사인 조형물이 있다.
녹색 잔디밭 위 빨간 글자가 예뻐서 사진 찍기 명소.
관광객이라면 여기서 인증샷을!
(반 고흐 뮤지엄도 가까움)

폰델공원 VONDEL PARK

레이체 광장 남쪽에서부터 길고 넓게 뻗어 있는 공원.
무척 넓고 아름답다.
공원 안에 필름 박물관도 있다. 공원 안 어디쯤에는
야외 피카소 조각품도 있다고 하던데 아쉽게도 보지 못했다.

<VondelPark>라는 이름의 밴드도 있다.
우리나라로 치면 <밴드 도산공원> 같은 것인가...

암스테르담 뮤지엄

이곳도 Iamsterdam카드로 무료 입장이 가능하다.
볼 것이 많아 강력 추천.

도자기라든지...

역사 디오라마나 배 모형이라든지...

렘브란트의 <야간순찰대> 같은
명화라든지...

그 중에서도
인상 깊었던 것

그것은 다름 아닌 암스테르담 시장의 초상이었다.
이 사람의 정치적인 업적에 대해서는 모르지만
사진에서 뿜어져 나오는 야심만만함, 자신감, 기운에
눈을 떼기 힘들었다.
피부와 수트의 질감도 무척 생생하게 와 닿는
잘 찍은 사진이었다.
그리고 결정적으로 내 호기심을 자극했던 것이 있는데,
사진 속 시장님이 손에 감아 쥔 금속성 물건이었다.
저게 대체 뭘까? 초상 사진에 넣은 것을 보면 분명
"암스테르담의 시장"과 관련이 있는 물건임이 분명하다.

호기심을 안고 한국에 돌아와
검색해보니 역시 암스테르담의 시장을
상징하는 물건이었다.
Chain of official 또는
Livery collar라는 명칭으로 불리며
유럽권에서는 공직자의 전통적 상징이었다.

시장의 상징을
목에 걸기보다
손에 살짝 쥐어서
암시로 배치한 것이
회화적인 농담 같아
더 재미있었다.

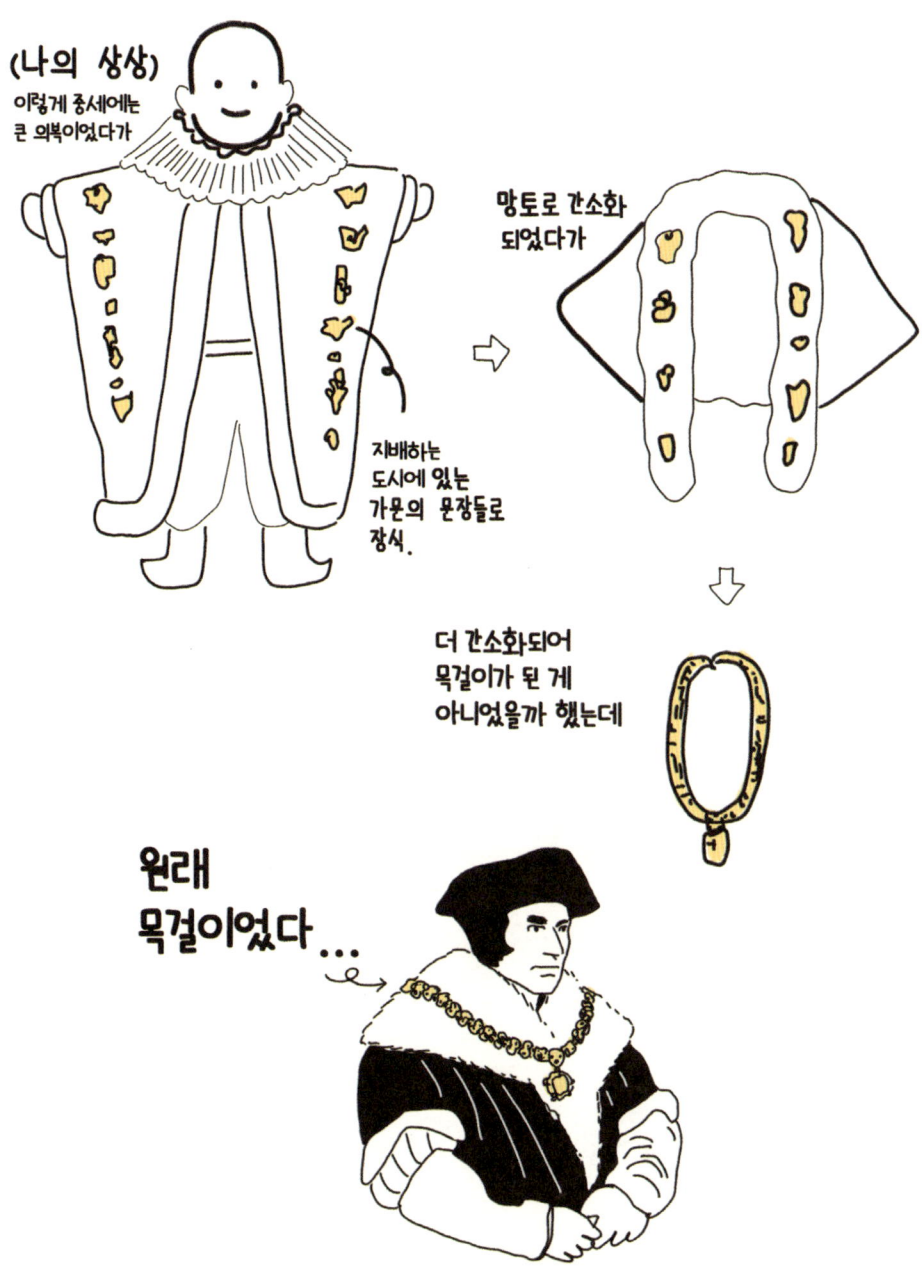

영화박물관에 붙어 있던
카페 겸 레스토랑에서
사과술을 한잔 마셨다.
낯선 곳에 와서
자전거로 무사히, 잘
돌아다닌 날을 자축할 겸
암스테르담에서의
마지막 저녁을 즐길 겸.

즐거웠던 암스테르담 구경이었다.

호텔에서 수영을
SPA AMSTERDAM
zuiver

암스테르담에 머무는 동안 묵었던 호텔.
암스테르담 공원에 붙어 있어
우리나라로 치자면 '올림픽공원호텔' 같은 느낌이다.
이 호텔을 선택한 이유는 위치도 위치이지만 무척 멋진
실내 수영장/스파가 있기 때문이었는데...

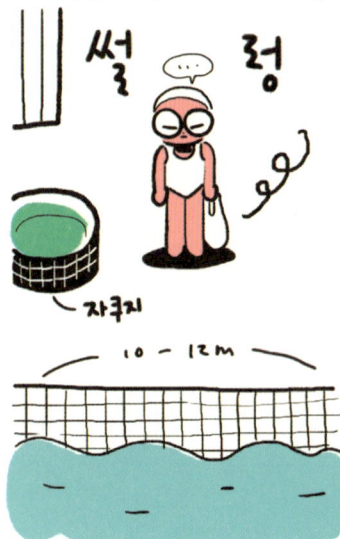

호텔 조식
오늘은 로테르담 가는 날이니까 무조건 많이 든든히 꾸역꾸역 먹는다.

식사를 하며 주행 계획을 다시 살피고

올림픽 관련 호텔이라서인지 운동 시설이 잘 되어 있다. 식당 야외테이블 옆엔 테니스코트가 있다.

호텔 테니스장에서 아침마다 운동하는 삶이란 어떤 것일까? 좋아 보인다...

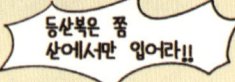

로테르담

Rotterdam

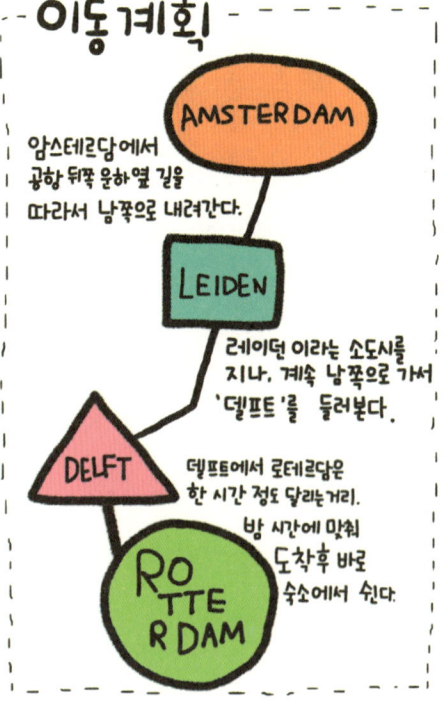

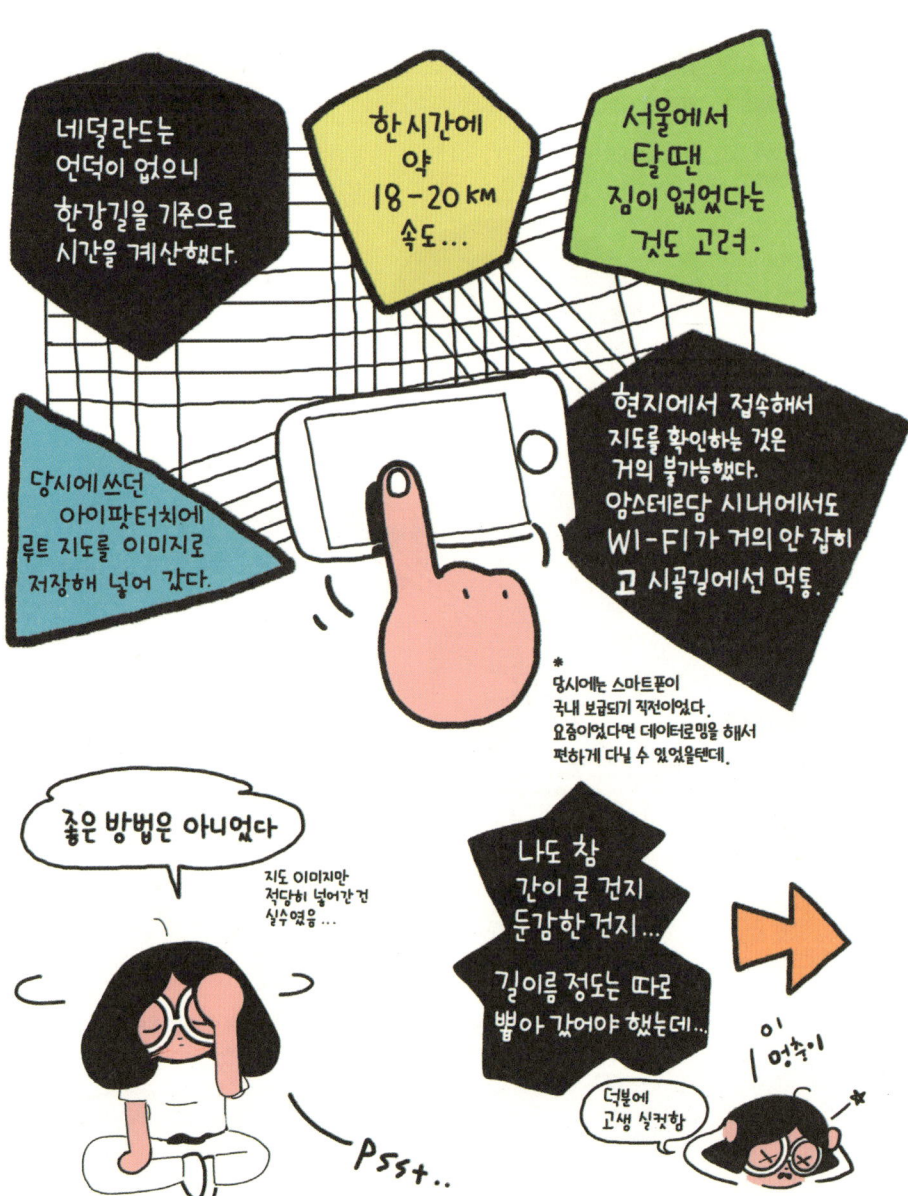

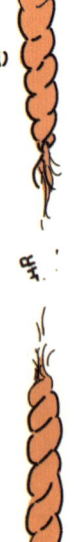

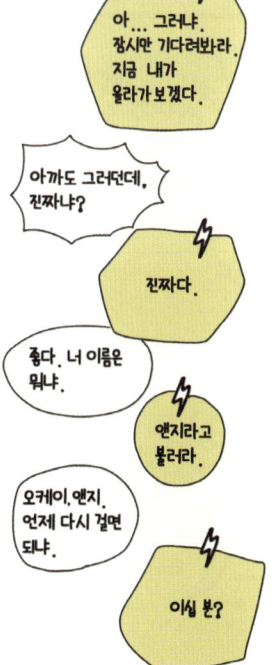

오는 길에 지나쳤던 레스토랑으로 갔다.

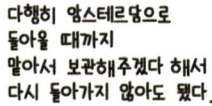

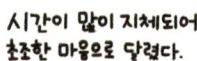

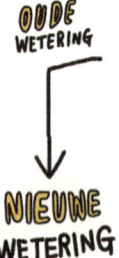

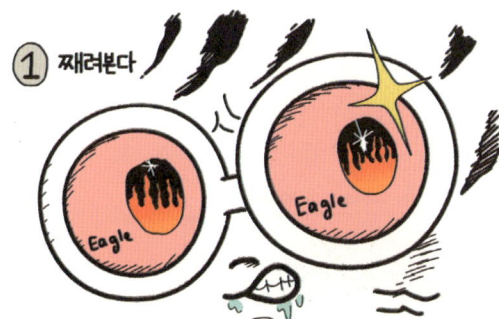

잘못된 방향이었지만 무척 예뻤던 길.
결국 쓸모없게 된 길이 여행 중
가장 아름다운 길이었다는 게 아이러니하지 않은가?
날씨도 풍경도 길도 완벽해서 그 순간이
잊혀지지 않는다.

문제의 숯검댕 애플파이...

나중에 지도를 보니
이날 움직인 거리만 100km가 넘었다.
그렇게 고생을 하고도 최후의 몇 km를 못 가서
결국 전철을 탔다. 고단하고 속상했다.

역 출구에 있던 아가씨에게 길을 물어봄 "매우 친절"

예약한 숙소는 큐브하우스라는 유명한 곳이라서 그냥 길을 물어봐도 잘 알려준다.
(큐브 하우스는 영어식 명칭이고 현지인들은 다른 이름을 쓴다. 처음에는 못 알아들음.)

숙소를 찾아 밤길을 더듬더듬 달린다.
긴장이 조금씩 풀리면서 피로가 몰려왔다.

쥴려...배고파.

험하다는 유럽의 밤길이지만
자전거를 타고 다니니까 무섭지 않다.

City map of Rotterdam

로테르담에는 일하러, 헤이그에는 살러, 암스테르담은 파티하러 간다.

로테르담에서 번 돈을, 헤이그에서 나눠 갖고, 암스테르담에 가서 탕진한다.

란 속담에서 알 수 있듯 로테르담은
네덜란드 제 2의 도시이자 유럽 최대의 항구이고 공업도시이다.

로테르담 시내는 매우 작아요.
자전거로 여유롭게 돌아보는 데
시간이 많이 걸리지 않죠.

로테르담의 길이
자전거 타기 제일 좋았어요.

2층에 올라와서 본 모습
아래에는 작은 가게들이 있고 그 위에
큐브가 올라 앉아 있다.

이것은 원조 주상복합?

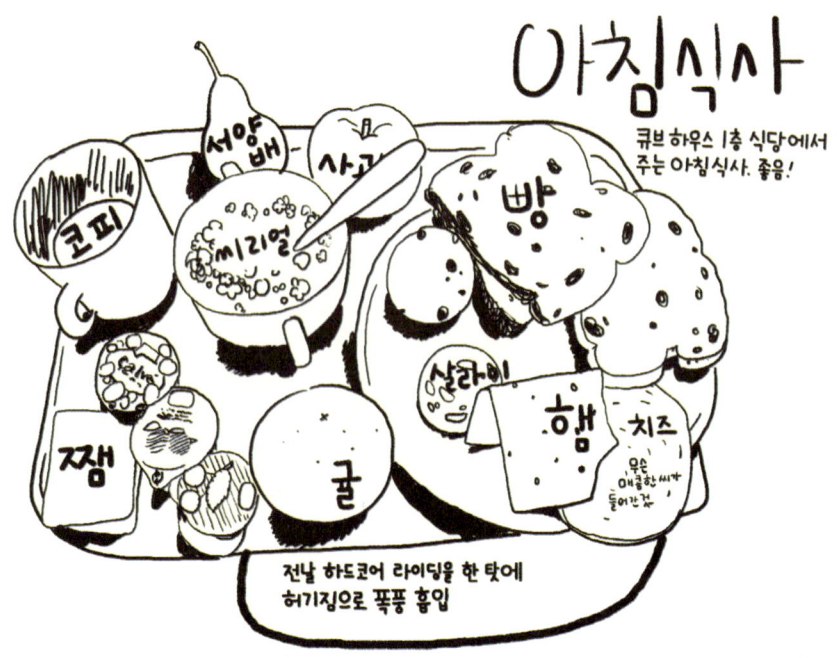

← 이것이 자전거 신호등!

서울에서만 살다가 유럽에 처음 갔을 때 놀란 것은

유럽의 도시들은 옛 건축물들을 그대로 보존하여 지금까지도 쓰고 있다는 것이었다.

강남이나 서울의 건축물들을 생각해보자.

서울은 모든 건물이 '새것'이고

아파트 신축현장

안전 제일

조금이라도 오래된 개발 도상기의 건물들은 어서 빨리 '새것'이 되기 위해 기다리는 듯한 형세다.

그에 비하면 유럽의 도시들은 가능한 지어져 있는 건물을 허물지 않고 개조해서 쓰는 방식이다.

파리의 돌바닥 도로

이게 병원이라니

내부는 초현대식 인테리어

농가 창고를 개조한 치과

RO
TT
ER
DAM

로테르담은
파괴된
도시였다.

로테르담은 독일과 영국의 사이에 놓여 있고, 유럽 최대의 항구였기 때문에 반드시 함락해야 할 전략적 요충지였다.

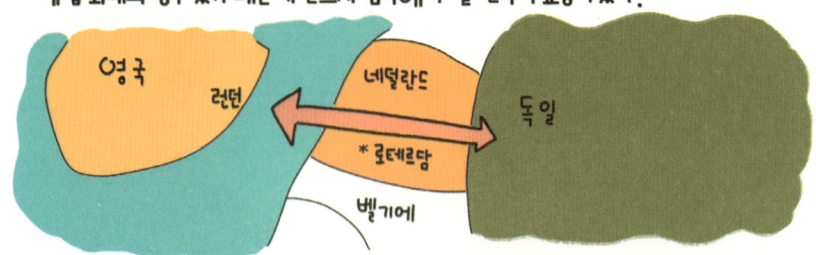

1940년 5월 10일 독일 공군은 네덜란드 영공을 당당히 넘어 들어왔다.

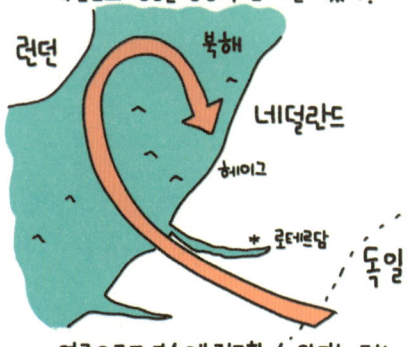

영국으로도 단숨에 접근할 수 있다는 듯한 위협적인 비행이었다.

북해에서 방향을 튼 독일군은 낙하산부대를 헤이그에 떨어뜨린다. 목표는 네덜란드 여왕을 붙잡아 항복을 받아내는 것.

그러나 이 작전은 실패한다.

생각보다 점령이 쉽지 않자 히틀러는 모든 화력을 집중한 전면적인 공격을 주문하고

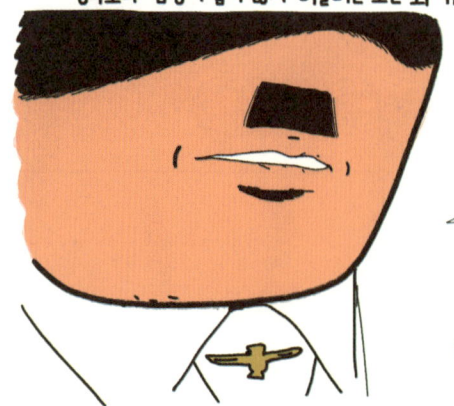

네덜란드 군의 힘이 예상보다 강력하다.

첫 공격으로부터 4일 후인 14일 폭격이 이루어진다.

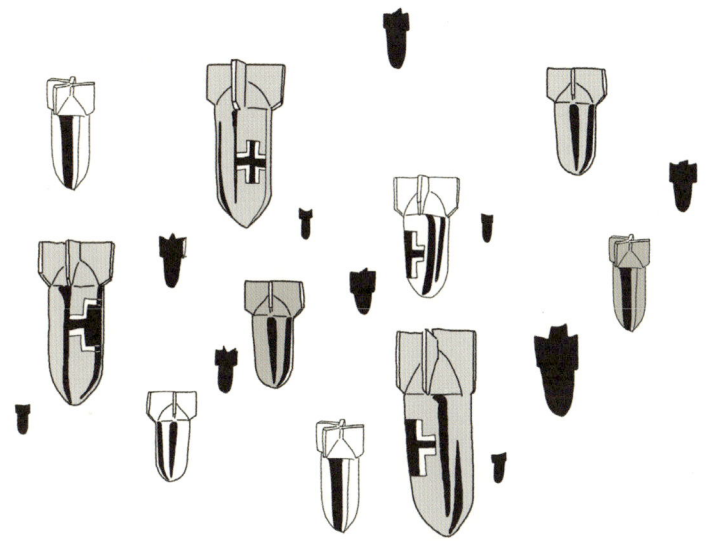

24000여 개의 빌딩이 15분 만에 모두 사라졌다.
900여 명이 폭격으로 즉사하고 80000여 명이 집을 잃었다고 한다.

로테르담의 구도심지역에는 말 그대로 아무것도 남지 않았다.

다음 날 새벽에 네덜란드는 독일군에 항복했다.

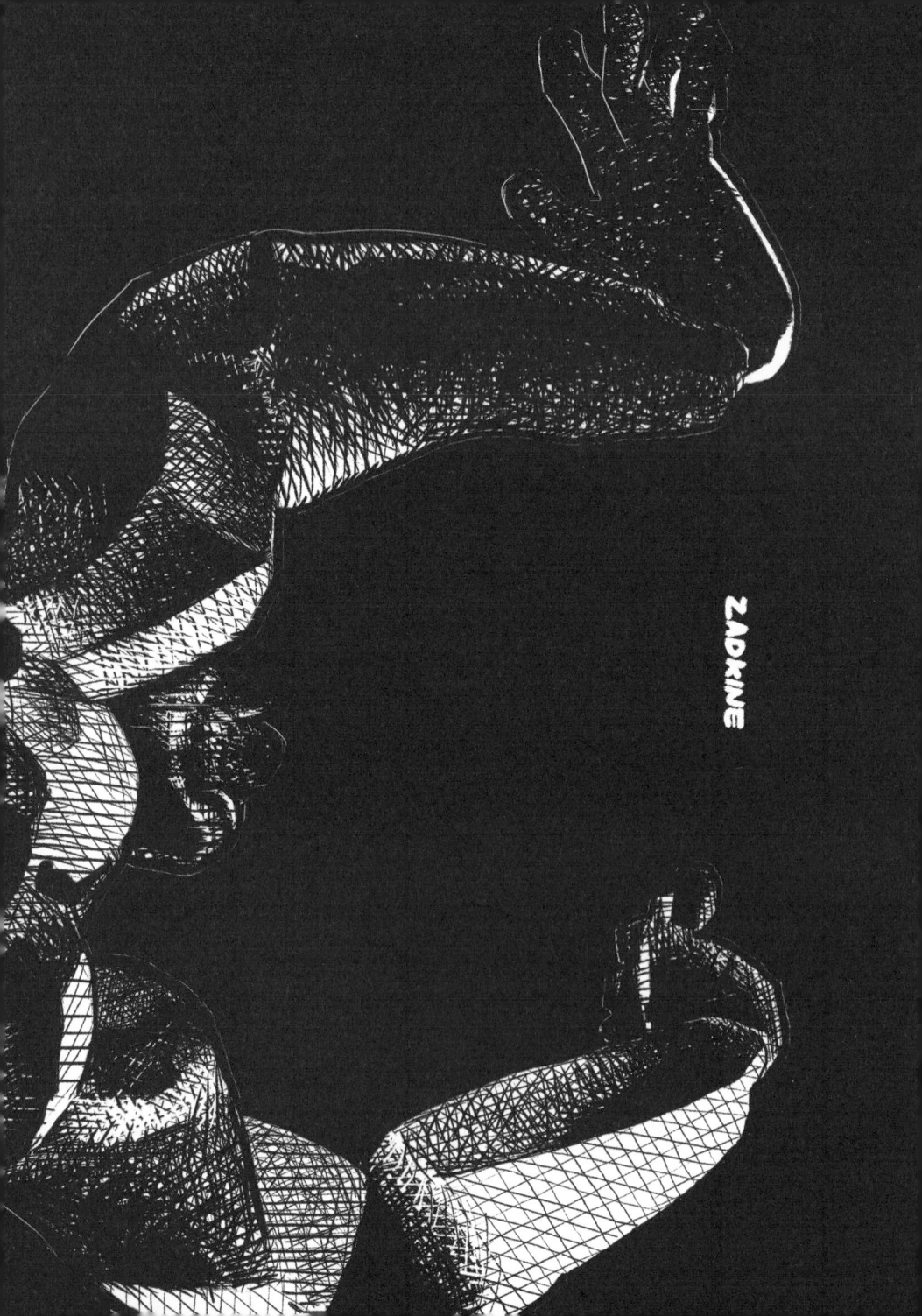

파괴된 도시 로테르담.
1940광장에는 피카소 <게르니카>의 인물들을 연상시키는
<De verwoeste stad>라는 조각상이 있다.
오시프 자드킨이라는 러시아계 프랑스 조각가가 만든
로테르담의 상징적인 조각으로
영어로는 The destroyed city 라는 뜻이다.

(녹색과 흰색의 줄무늬는 로테르담의 상징)

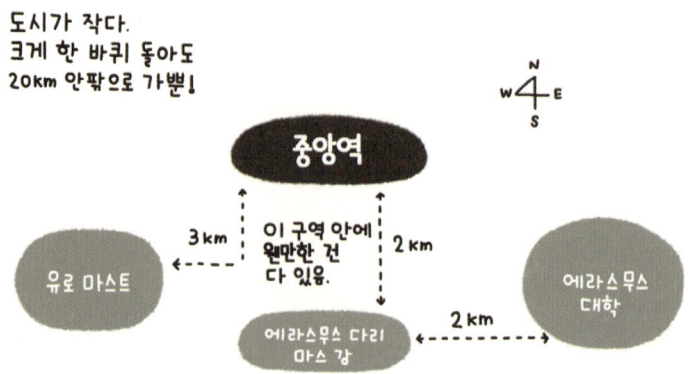

유니레버 빌딩

마스강변길인 Maasboulevard (마스대로란 뜻이겠지)를 따라서 가다보면 볼수있는 유명한 빌딩. 유리로 된 건물이 오래된 건물들 위에 올라 앉아 대비가 돋보인다.

성룡 빌딩

<성룡의 CIA>란 영화에서 유리로 된 빌딩의 급경사면을 뛰어내려가는 장면이 있는데, 바로 이 건물.

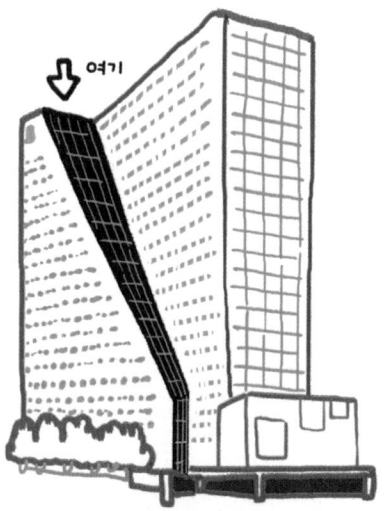

여기

유로 마스트

타워 전망대. 파노라마 전망대. 회전식 엘리베이터가 있다. '마스트'는 돛대란 의미. 항구도시 로테르담을 '유럽을 향해 나아가는 거대한 배'에 빗댄 듯.

뉴욕 호텔

HOTEL NEW YORK
ROTTERDAM

공습에서 살아남은 운 좋은 건물. 1800년대 건설되어 HOLLAND-AMERICA LINE 이란 운수회사 사옥으로 쓰이다가, 1984년부터 10년간 비어 있었다. 새 단장을 해 1993년에 뉴욕호텔이란 이름으로 재개장했다. 팬시하기보다는 캐주얼하고 활기 있는 곳이다. 이 호텔 레스토랑의 오이스터 바가 유명함.

지하에 있는 이발소 NEW YORK BARBERSHOP 에서는 이태리 스타일?의 전통 습식 면도를 한다고 함. 인테리어도 멋짐.

테이크 아웃용 피크닉 세트도 있음.

기념품샵과 서점도!

"홀란드 아메리카 라인이라는 회사명에서 유럽 대표 물류항이었던 로테르담의 위엄과 역사가 느껴지는구만."

유로마스트

간식으로 블루베리

마스강 전망의 핫스팟이랄까~

로테르담의 가장 번화한 광장으로 가보자.

내 돈!

아침 일찍 공중전화로 가족에게 안부전화 하려다 실패. 동전 몽땅 먹음.

조각 시리즈

하하 별꼴이네...

강가를 따라 조각들이 많이 있다. 관광엽서에도 나오는 걸 보니 명물인 모양. 솔직히 어떤 건 쓰레기더미로 보이는 것도 있었음. (비꼬는 게 아니라 정말임.)

Westersingel 강변가를 따라 걷다 보면 볼 수 있다.

SCHOUWBURG PLEIN
한국말론 극장 광장.
로테르담 이벤트의 중심지.

'예술의 전당' 같은 곳으로 각종 공연을 볼 수 있다.

→ 오르락 내리락

신기했던 것.
건물 사이즈의 리프트가 있어서 여기로 대형트럭도 올라간다. 공연장비 등을 옮길 때 굉장히 유용할듯.

파테 극장.
네덜란드에서 젤 큰 영화관. 가끔 유럽영화 볼때 닭그림 모빌이 나오는 로고영상을 본 적이 있을 것이다. 여기가 바로 그 영화사 소유라는 것.

호랑이표 로고가 귀여운,
로테르담 필름페스티벌 본부도 여기에.

참으로 한가로운 동네로구나~

뽈 뽈 뽈

1. 건축협회 NAi에서 마주친 빨간 브롬톤 자전거
2. NAi 건물 입구. 물 위에 떠 있는 것 같다.
3. 코닝휘네 다리 길목에서 발견한 유명 그래피티 아티스트의 작품.
4. 뉴욕호텔 뒤쪽. 세월의 흔적이 느껴진다.
5. 쇼버그 건물 앞에서 말했던 트럭 리프트가 보인다.
6. 주택가에도 사람이 많지 않다.

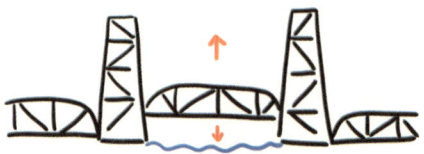

De hef의 뜻은 The lift.
철길 다리가 위 아래로 움직이는 승계교이다.

```
 1 
 2  5
 3 
 4 
```

1. 차도와 자전거도로와 인도가 확실히 구분되어 있다.
2. 멋있는 할아버지. 자전거 가방이 예뻐서 찍었다.
3. 자전거 도로 끝 포스트의 버튼을 누르면 자전거 신호가 나온다.
4. 몇년 전에 우리나라에서도 유행했던 모패드 바이크 TOMOS. 스쿠터로 탈 수도 있고 자전거처럼 페달을 굴려도 된다.
5. 하이힐을 신고 달리는 멋진 여자분.

앞뒤로 바구니에 강아지를 태우고
한 손에 무려 두 마리를 이끌면서 다니는 초고수 발견!

자전거가 있으니까
돈 들이지 않고
구경 참 잘한다!

↑💩∧↑
WITTE DE WITH
갤러리들

TENT와 Witte de With 두 개의 현대미술단체가 입주해 있다. 내가 방문했을 때는 BLUUR라는 기획전시가 있었다.

설치, 이미지, 건축 등 다양한 작품들이 있었다. BLUUR 작품 중 좋았던 것은 ISM 시리즈. 각 이미지마다 '~주의'라는 뜻의 ISM으로 제목을 붙인 노란색 사진 프린트.

BRANDISM
킨더 서프라이즈라는 이름의 초콜릿을 사면 플라스틱케이스에 장난감이 들어 있는 것을 풍자한 컷

ANARCHISM
스누피의 우드스탁

NEW ROMANTICISM
기사 옷차림의 플레이모빌

SYNTHISM
최근 다프트펑크 앨범으로 다시 화제가 된 조르지오 모로더 레고

로테르담 비주얼아트 진흥회 정도로 요약되는 단체.
시에서 지원을 받아 운영되는 곳으로 미술전시, 기획,
미술품 대여 및 이벤트 등을 맡아 하고 있다.

NIEUW IN HUIS

녹색 외관이 눈에 띄는 건물.
갤러리 형식의 로비와 아트북이 비치된 작은 라운지가 있고
직원들이 친절하게 안내해준다.
유명 작품은 없지만 로테르담의 로컬아트씬을
엿볼 수 있는 곳이다.

갤러리의 그림을 감상한 느낌:
갈수록 예술작업의 지역성이
없어지는것 같다.(인터넷 때문?)
'도시의 감수성'이라는 게
공통적인 감수성이 되어버린 걸까.
서울이건, 로테르담이건
다들 비슷한 경험을 하고
비슷한 유행을 공유하고
비슷한 고민을 하는 것 같다.

⇐ 슬라이딩 그림걸이.
브로마이드 쇼핑하듯 그림을 쇼핑.

TENT

Nieuw in huis

하우스 소네펠트
HUIS SONNEVELD

NAi 부속시설로 LEENDERT VAN DER VLUGT라는 로테르담출신 건축가가 1933년에 지은 집. NIEUWE BOUWEN STYLE 이란 네덜란드 신건축파의 대표적 건물이라고 함.

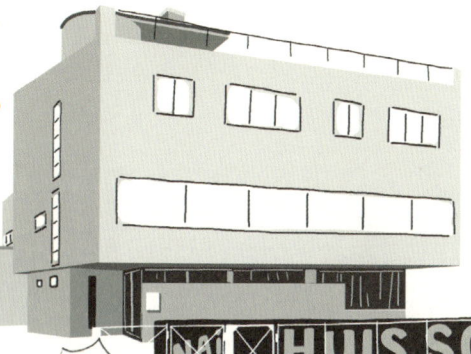

발음 힘들어!!
네덜란드 말 어려워!!
린데르트 반 데르 뷜흐트?
이름은 좀 부르기 쉬워야지 사람이!!

집 자체가 뮤지엄이므로 바닥이 상하지 않도록 신발 위에 덧신을 신고 입장해야 한다.

당대에 먹어주는(?) 하이퍼모던 라이프를 엿볼수 있는 곳. 예전에 50~60년대 영화나 음악, 스타일을 좋아했던 터라 굉장히 흥미로웠다.

163

MODERN DINING ROOM

건축할 때 내장용 가구, 패브릭을 특정 브랜드 제품으로 빌트인 설계한것도 이곳이 거의 최초라고 한다.

화덕이 자리를 차지하는 재래식 부엌에서 싱크대, 전자레인지 등을 갖춘 현대의 부엌에 가까운 형태로 급진전.

서랍 안쪽에 미니싱크가 내장되어있음.

MODERN ROOM

고전적인 장식에 대한 반발로 발생한 것인지라 초창기 모델은 다소 극단적으로 보인다.

이것이 모던!

병원, 사무실 같다.
차가움.

기능 제일 주의.
스틸프레임과 콘크리트 위주의 소재

방 안에 세면대가 있다. 붙박이 가구도 쫑쫑하다.

모듈러 가구랄까!

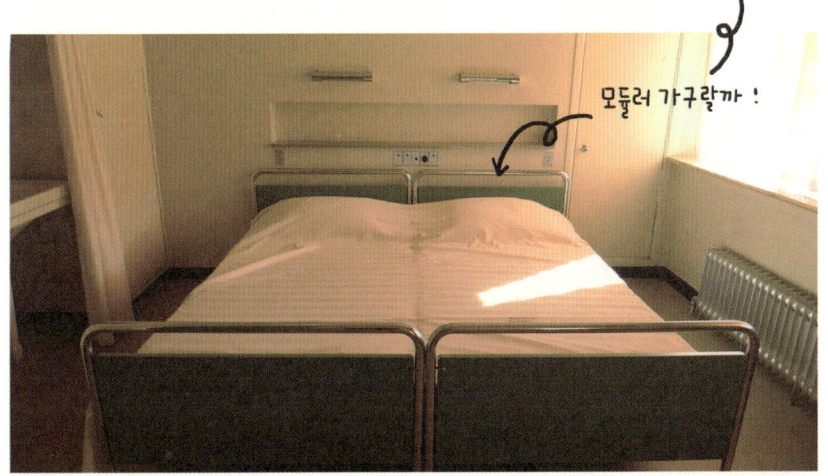

쿤스트할

쿤스트할은 로테르담 대표 아트뮤지엄으로
특이하게도 소장컬렉션이 없다.
미술관 자체의 상징성, 큐레이팅 능력으로
미술관으로서의 가치를 만들어나가는 곳이다.

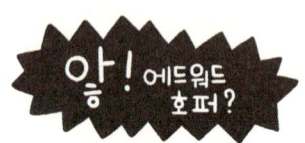

관광안내소에서
쿤스트할 전시 소식지를 보다가,
에드워드 호퍼의 전시가 있는 것을 발견!
그런데 전시시작일인 이틀날은
다음 도시로 떠날 예정 이었다.
고민 끝에 일정을 바꾸기로 결심했다.

JACOB HOLDT
⟨United States 1970-1975⟩

재미있었던 전시.
제이콥 홀트 라는 북유럽 출신 사진가의 미국 사진 시리즈. 미국을 떠돌면서 만난 친구들, 부랑자들의 사진을 스트레이트하게 담은 시리즈.

⟨Sweet Nothing⟩
BANESSA WINSHIP

또 바네사 윈십이란 작가의 사진 전시가 재미있었고 나머지 전시는 잘 모르겠다...

아나톨리아 지방의 여학생들을 세워놓고 찍은 시리즈인데 소녀들의 낡고 고전적인 옷차림과 야성적이고 체념한 듯한 표정의 대비가 인상적이었다.

그런데, 호퍼 전시는 어디에 있을까 해서 물어보았더니 다음 날부터 시작 한다는게 아닌가! 내가 날짜를 착각한 거였다.

경비원 분이 손짓으로 불러서 가보았더니 울상!이 된 내가 불쌍했는지 표값을 환불해주었다.

먹고 떨어지렴...

일정도 변경하고 온 거라 너무 아쉬웠다.

계단형 지형에 지어져서
보는 위치에 따라
지하층 건물 같기도,
3층 건물 같기도 하다.

이 부분이 여기.
세미나룸 같은 곳.
귀여운 표정의 아이콘이
장식된 창이 특이하다.

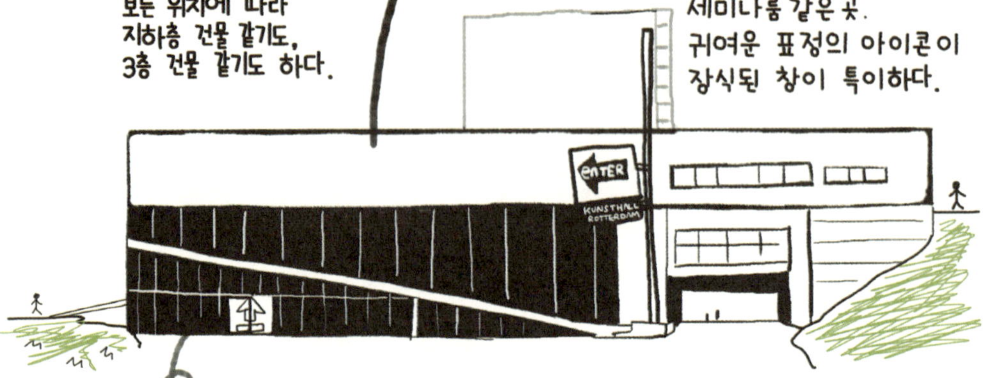

여긴 카페테리아.
쿤스트할의 화살표 모티브가 입구를 장식 중이다.

168

미술관 밖 조각품들

건물과 바깥 잔디에 조각품들이 어우러져 있다. 여러 각도에서 미술관을 관찰하는 재미가 있음.

전시를 보고 빠져나가는 계단에
걸린 초상은 건축가 렘콜하스의 사진
렘 콜하스는 로테르담 출신으로
이 미술관을 지은 건축가이다.
관람객의 동선에 배치된 건축가의
사진은 이 미술관까지도 하나의
작품으로 느끼게하는 효과가 있다.

일본에 갔을 때 가본 지중미술관도 미술관 건물을 전시작품의 하나로 설정한곳 이었는데 이곳의 건축가는 안도 다다오.
둘 다 폐허 출신의 건축가라는 공통점이 있구나.

한 사람은 폭격으로 인해서, 다른 한 사람은 지진으로 인해 무너진 지방출신 으로 미술관을 지어 올렸다는 공통점.(안도 다다오는 정확히는 오사카 출신인데, 같은 효고현에 있는 고베에 '효고 현립 미술관'을 지었다.

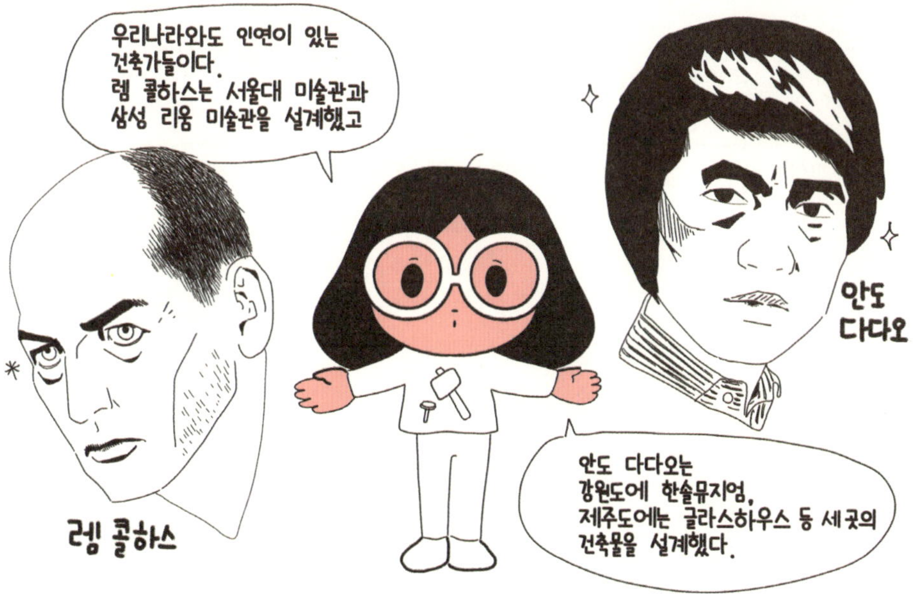

우리나라와도 인연이 있는 건축가들이다.
렘 쿨하스는 서울대 미술관과 삼성 리움 미술관을 설계했고

안도 다다오는 강원도에 한솔뮤지엄, 제주도에는 글라스하우스 등 세곳의 건축물을 설계했다.

렘 쿨하스

안도 다다오

덧치
딜라이트
룸

델프트 도자기와 타일
네덜란드 회화 등으로
꾸며진 룸.
실제로 보면 싼티가...

괜히
옮겼나...

HOSTEL BAR

호스텔의 바 겸 라운지공간.
리셉션 데스크 옆으로 이어진 바.
호스텔과 손님간의 자유로운 분위기가
느껴짐.

진토닉 한 잔..

바에 앉아 있으니 직원이
마스트리트라는 네덜란드 지방에
꼭 가보라며 추천해주었다.

미술전시나 작은 음악회, 파티,
각종 이벤트가 벌어지는 곳.

다양한 사람들

몰리링월드 같은
귀여운 패션의 여자아이

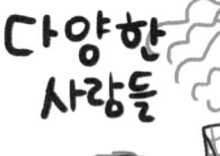

Lexie

호스텔의 마스코트 개, 렉시.
덩치큰 개를 좀 무서워하는데
사람을 좋아하면서도 직접 덮치진
않아서 다행이었음.

BAR에서 늘상
빈둘거리는 스코틀랜드 남.
약쟁이의 풍모를 지님.

가득 정렬된 가판대를 보다 보니 마트를 피사체로 한 안드레아스 거스키의 <99센트>라는 사진이 떠올랐다.

유제품 가짓수가 매우 많다.

로테르담에서의 마지막 밤을 혼자 만끽 중~

헤헤 신난다-

자전거 타고 다니니 안심하고 야식을 먹자!!

먹어보고 맛없으면 바로 버림...

미드나잇 군것질

OUD BRUN은 영어로 하면 OLD BROWN. 벨기에 지방의 맥주 스타일이라는데 좀 꿈꿈한 맛이 났다.

ALBERT HEIJN
알버트 하인의 양파칩과자에 양파맛 크림치즈를 찍어 먹으니 내 몸의 MSG게이지가 채워지는 듯한, 자극적이고 짭짤한맛이 났다.

KAAS 는 치즈를 의미함.

그림이 귀여워서 산 사탕.
하지만 왜죠. 검정색 사탕이라니…
맛없다. 무진장. 이런 검은 포장의 사탕
종류가 다양하던데 여기 사람들은 좋아하나봐…

킨더 초콜릿.
계란 모양 초콜릿 안에 랜덤으로 장난감이 들어 있는
킨더 서프라이즈 시리즈랑 같은 맛의 밀크초콜릿.

호가든 로제.
와인도 아닌 맥주에 로제가?
병째 마셔서 몰랐는데 색깔도
진붉은 색이었다.
향도 맛도 좀 새콤하고 특이했다.

암스텔 비어.
쓰고 텁텁하고 맛없음.

로테르담 우체국 TNT

gefrankeerde post

포장 공간과 자동우편기.
우측은 우편물 수집함.
노란색 트롤리가 귀엽다.
정해진 시간마다 쏙 빼서 밀고 가면 된다.

영차!

여기저기 다니면서
사 모은 짐들이
많아졌다.
이쯤에서 한국으로
부치는 게 좋겠어.

로테르담을 떠나기 직전,
짐을 정리했다.

우 와

글자로 된 표지 대신
각각의 용도를 아이콘으로
표시했다. 기기 속의 UI가
현실 공간에 입혀진 듯한 기분이
들어서 재미있었다.

이게
박물관이여
우체국이여

이것도
이쁘군...

포장용지와 스티커, 우표 등
우체국 상품들도 멋지다.

우표로 보는 네덜란드 공공디자인의 일면

네덜란드 교통표지판관리는 ANWB라는 왕립관광협회에서 하는데 —표지판용 타이포 이름도 ANWB-Ee— 이 단체는 원래는 네덜란드 자전거(!) 협회였다.

"시폴 공항에서 이정표에 대한 얘기했던 게 기억날지 모르겠지만"

"네덜란드는 이런 교통 표지판 같은 공공디자인으로 유명해."

"사실 네덜란드는 정부 정책적으로 디자인을 육성, 활용했다."

1900년대 초반 네덜란드 우정국에 근무한 J.F 판 로옌이라는 사람의 활약에 그 기원이 있다.

숙련된 인쇄기술자이자 출판사 사장이었던 그는 우정국에서의 입지가 탄탄했고 타이포그라피의 중요성에 대해 선구안을 가지고 있었다. 로옌은 특히 우표의 디자인에 깊은 관심을 기울였다고.

그로부터 네덜란드 우표는 엄선된 디자이너와 아티스트와의 협력으로 만들어지는것이 전통으로 자리 잡았다.

"한 가닥 하는 디자이너라면 우표 디자인을 해야." "이제 날 부를 때가 되었는데…"

네덜란드에서 인정받는 디자이너, 화가, 일러스트레이터, 아티스트라면 TNT의 우표디자인을 관례처럼 맡게 된다고. 네덜란드 우정국에는 Kunst & Vormgeving PTT라는 아트&디자인 부서가 운영될 정도였다. (2002년 폐지)

186

최근에 나온 우표는 '증강현실' 우표가 화제였다.
네덜란드 유명 건축가들의, 실제 시공에는 실패한 프로젝트들을
3D 이미지로 만들어서

우표를 웹캠에 가져다 대면 웹캠 영상으로
우표 위에 해당 빌딩의 입체 모형이 나타난다고.
우표를 돌리면 보고 싶은 각도로
빌딩 모형을 돌려 보는 것도 가능!

네덜란드에서 벨기에로 넘어가는 길은 기차를 탔다.
원래는 자전거로 가려고 했는데 미술관 일정 때문에
로테르담에서 하루 더 머무른 탓에 시간 절약을 위해서
기차를 이용.

좀 아쉽다…

어떤 일정이었더라도
아쉬웠겠지만.

뭔가 아쉬웠던 여행이어야
더 기억에도 남고
다음에 또 오고 싶어지니까…

자전거로 완주하려던 게 원래의 계획이었으니까.
호퍼 전시를 보았더라면 보상이 되었을 텐데…

자전거 가지고 탈 수 있느냐?
물론.

객차는 탑승구 칸과 좌석 칸이
나뉘져 있는데 탑승구 칸에는
간이 의자 몇 개만 있고
공간이 넓다.
자전거를 고정할 수 있는 레일도 달려 있다.
흔들려 넘어지거나 도난당하는 걸
방지하기 위해 레일에
자물쇠를 걸어두면 된다.

안녕, 로테르담.

BICYCLE TRIP

안트워프

Antwerp

안트워프 중앙역

아르누보 스타일

아르누보는 19세기 말 유럽에서 유행한 미술양식으로 매우 화려하고 실용성보다는 장식에 치중하는 특징을 갖고 있다. 복잡하게 얽힌 유기적인 곡선으로 이루어져 있다.

나뭇잎, 잠자리 날개 같은 자연물에서 영감을 받은 스타일

아르누보는 몰라도 아마 알폰소 무샤의 그림은 한번씩 보았을 듯.

아! 이거!

벨기에는 아르누보의 영향이 강하다.

네덜란드에서 한두 시간 왔을 뿐인데 이렇게 다르다니!

DUTCH
빤듯 빤듯

흐물 흐물 꼬불꼬불

번쩍번쩍한 로테르담에서 바로 온 탓인지 네덜란드와 확연히 다른, 너저분하고 멋진 분위기가 벨기에의 첫인상이 되었다.

아르누보 발코니들

철제 프레임으로 된 차양이
파리의 메트로 입구 장식이랑
비슷하지 않은가?
그것도 아르누보 스타일!

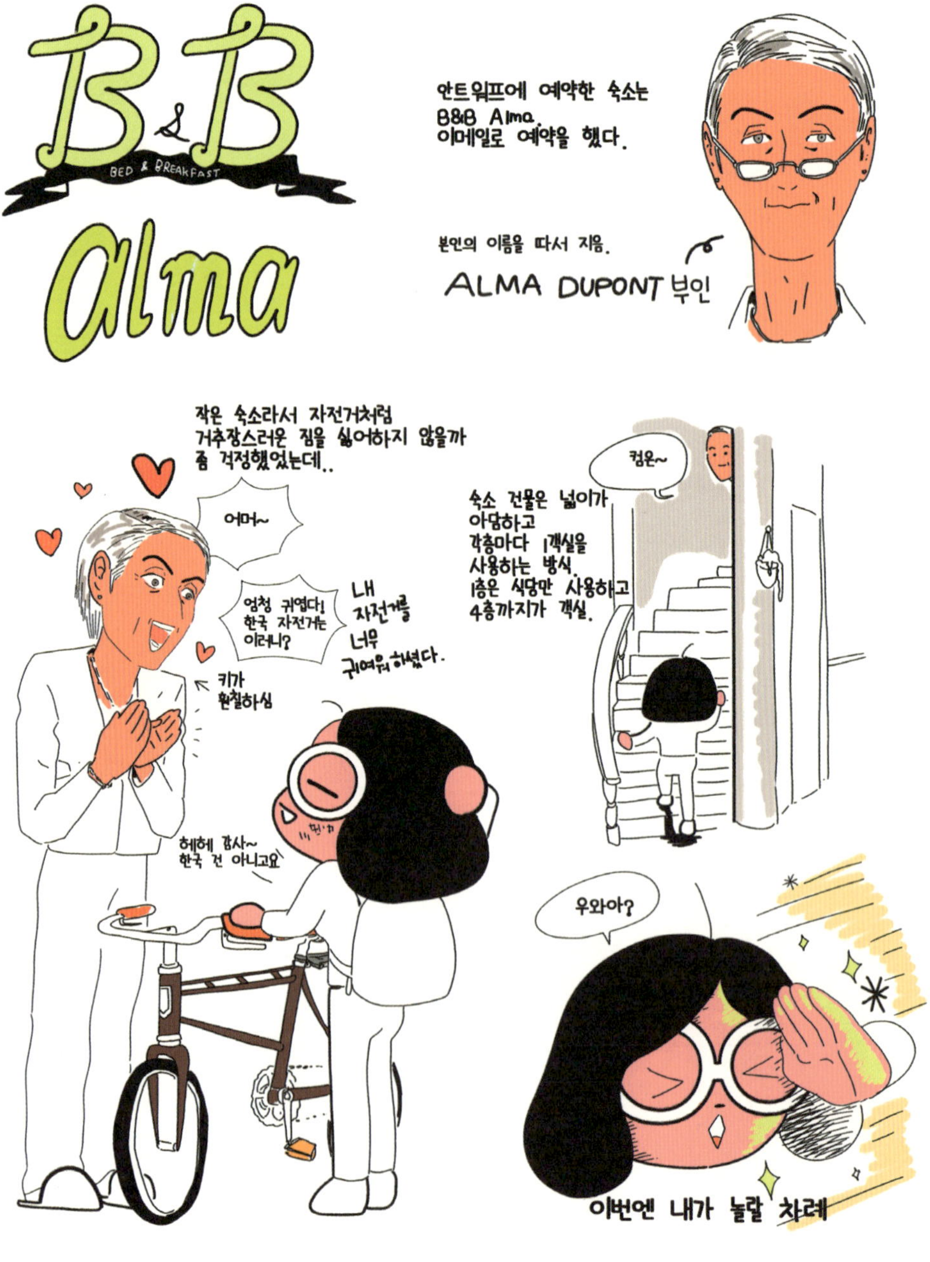

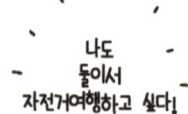

Rubens의 그림 다수

플란다스의 개 엔딩에서
네로와 파트라슈가 보던 그림
<십자가에 올려지는 예수>

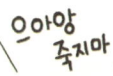
으아앙
죽지마

천사가 살려주는 거
아니었어?

성당 내부에서도
플래시를 터뜨리지만
않으면 사진 촬영이
가능하다.

성당주변의 초콜릿 가게

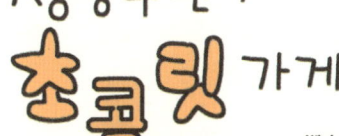

벨기에
초콜릿은
유명하지요...

'안트워프의 손'
이라는 뜻의
손 모양 초콜릿과
쿠키가 많다.

ANTWERPSE HANDJES

마켓스퀘어
브라보 분수

안트워프를 흐르는 쉘트강 다리에는
거인이 살고 있었는데, 다리를 건너려는
사람에게 비싼 통행료를 요구했다고 한다.

거인은 돈을 못 내는 사람들의 손목을 잘라서
쉘트강에 던져버리곤 했다고.

그러던 중 브라보라는 이름의 젊은 로마군인이
나타나 거인을 물리치고, 그 손목을 잘라서
똑같이 강으로 던졌다는 전설.

안트워프Antwerpen라는 지명도
이 전설에서 왔다고 한다.
Hand + werpan(던지다 라는 의미)

패션 박물관

MODE MUSEUM

모드뮤지엄 = 패션박물관.
안트워프는 유명한 패션 디자이너들을
배출한 도시로도 유명하다.
패션에 관심이 있는 사람이라면
안트워프 식스라는 말을 들어보았을 텐데
바로 안트워프 왕립 예술학교에서 패션을
전공한 유명 디자이너들을 말한다.
앤 드뮐미스터, 드리스 반 노튼도 이들 중
하나. 마틴 마르지엘라도 이 학교 출신이다.
특이하게도 1층에는 샵이 있고,
중간 층은 뮤지엄, 꼭대기 층은 학교로
사용하고 있다.

맨 위는 학교
중간은 뮤지엄
1층은 요지 야마모토 샵!

내가 갔을 때에는 '델보'라는 벨기에 고급 가죽가방 메이커의 특별전이 열리고 있었다.

-18 29-
DELVAUX

Alma의 강력 추천이 있었다.

꼭 봐야 해! 너무 멋져!

델보는 1829년에 찰스 델보에 의해 설립된 럭셔리 가죽 제품 메이커로, 모든 제품은 수작업으로 만들어진다고 한다. Alma는 자신도 제일 아끼는 가방이 델보 제품이고 벨기에 여자라면 누구라도 델보의 가방을 최고로 칠 거라며 전시 관람을 추천했다.

전통에 대한 자부심과 장인정신이 느껴지는 전시였다.

오...

가방 하나에 들어가는 가죽 도면과 연장을 보여줌

역사 속의 가방이 재미있었다.

우하하 옛날에는 가방을 들고 다녔나봐!

가죽 성형 틀과 도구도 멋지다.

와~ 이런 담배 케이스는 요즘에도 쓰는데!

안트워프 동물원의 흑역사

동물원의 흑역사라기 보다는 벨기에의 흑역사랄까...

안트워프 동물원의 이집션 템플
코끼리와 기린 우리로 쓰이는 건물. 1856년에 처음 지어진 오래된 건물로 유럽의 다른 동물원들에게 소위 '이국적 스타일'로 영감을 준 건물이다.

그러니까 일종의 몰이해에 가까운 거였지.

그러나 이런 몰이해는 현대에도 반복된다.

왜 이집트 일까?

그 당시 아프리카에서 유럽으로 들어오는 동물들은 모두 이집트를 거쳤다고 한다.

미드 '로스트'에 나오는 한국의 배경이 베트남의 시골 풍경이라든지...

안트워프는 유럽에서도 일찌감치 이런 훌륭한 동물원을 만들었는데, 벨기에가 아프리카를 착취한 역사가 관련이 있다고 한다.

벨기에에서 가장 발달한 것이 '다이아몬드 가공'이다.

다이아몬드 광산은 아프리카 대륙에 있다.

소공녀 세라의 아빠 크루 대위의 다이아몬드 광산도 아프리카에 있지 않았나?

1800년대의 아프리카는 유럽열강들에겐 무주공산이나 다름없었으므로, 동물이고 광물이고 마구 가져온 거지.

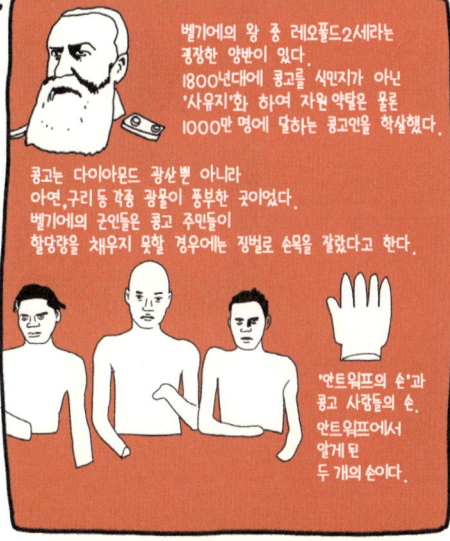

벨기에의 왕 중 레오폴드2세라는 굉장한 양반이 있다. 1800년대에 콩고를 식민지가 아닌 '사유지'화 하여 자원 약탈은 물론 1000만 명에 달하는 콩고인을 학살했다.

콩고는 다이아몬드 광산뿐 아니라 아연, 구리 등 각종 광물이 풍부한 곳이었다. 벨기에의 군인들은 콩고 주민들이 할당량을 채우지 못할 경우에는 징벌로 손목을 잘랐다고 한다.

'안트워프의 손'과 콩고 사람들의 손. 안트워프에서 알게 된 두 개의 손이다.

BICYCLE TRIP

브뤼셀

Brussels

안트워프에서 브뤼셀로

로테르담 가던 날의 악몽을 교훈삼아

열심히 지도를 체크!

안트워프

안트워프에서 쭉 남쪽으로 내려간다. 중간에 메켈렌이라는 작은 동네를 거쳐서 브뤼셀까지 약 50여 km 거리.

N1 국도를 따라가기만 하면 되니까 큰 어려움은 없을 것 같다. 오전에 출발해서 오후에 브뤼셀 도착 후, 저녁에 암스테르담으로 기차를 타고 갈 계획이다.

바쁘다 바빠

장기의 말처럼 달려나간다~

그렇습니다. 완주가 목적이죠.

메켈렌

이번 여행의 마지막 라이딩!

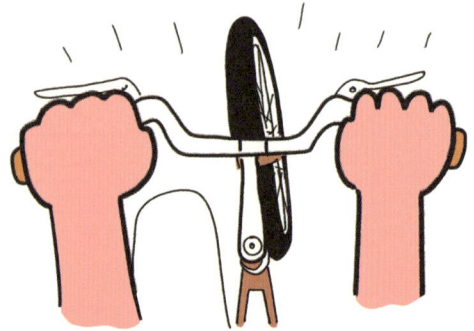

브뤼셀

N1 국도는...

안트워프에서 브뤼셀로 통하는 국도.
A12와 A2이라는 고속도로도 있지만 자전거로 가려면 국도!

> 특별히 높은 언덕이나 험한 구간도 없고,
> 풍경이 특별한 것도 아니라서
> 라이딩에 집중하기 좋다.

이쯤이야~
껌이지~

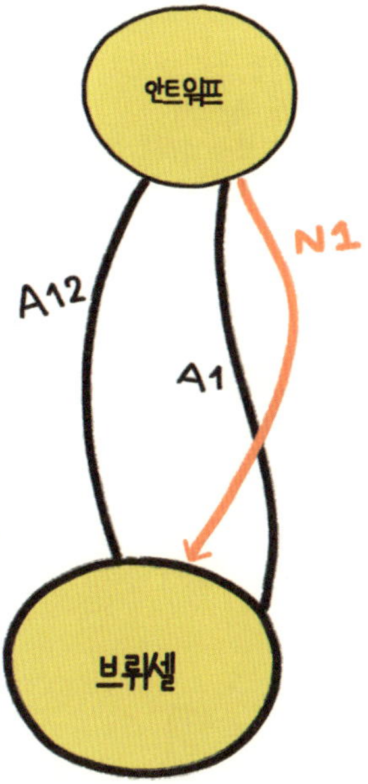

안트워프 — A12 — A1 — N1 → 브뤼셀

창고형 아울렛
DEPORAMA
makro

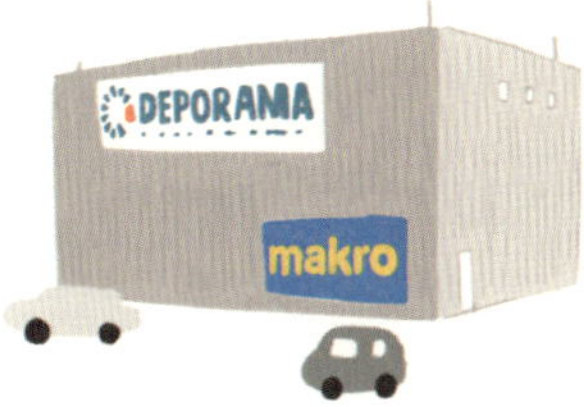

공장

주유소

들판, 작은 마을

멋진 건물

...등을 지나치면서 달리게 된다.

자 이제 돌아갈 시간.

탈리스는 유럽 주요도시인 파리,브뤼셀,암스테르담,쾰른을 운행하는 고속전철서비스. 파리-브뤼셀은 1시간대, 파리-암스테르담은 3시간대로 주파.

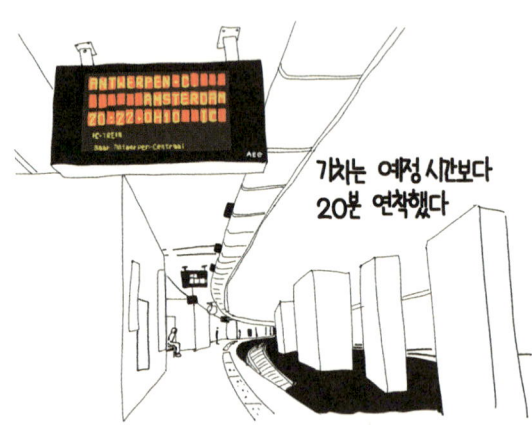

공항호텔 YOTEL

Yotel은 좀 특이한 호텔이다. 공항 옆이 아닌 공항 내부에 위치한다. 공항의 보안검색대를 통과한 구역에 있어서 일단 들어오면 호텔 밖으로 나가기 힘들지만 다음 날 일찍 비행기를 타야 하는 사람들에겐 유리하다. 체인점이라 샤플 공항 말고 런던 등에도 있다고 한다.

처 음
자전거 살 때엔
자전거가 50만원이
넘는다고 하면

뭣 비싸!

그렇게 좋은 건(?)
필요 없다구!

이 여행기는 2009년 만화잡지 ≪팝툰≫에 실린 <제주 자전거 여행 2009>입니다.

hyewon // 님의 말 :   님

miss soonmi 님의 말 :   네.

hyewon // 님의 말 :   저 월말에 제주도 하이킹 갈까 하는데
                    같이 가시겠어요?

miss soonmi 님의 말 :   오.

hyewon // 님의 말 :   라이딩도 하고
                    사진도 찍고
                    맛집 순례도 하고~

miss soonmi 님의 말 :   오오.

나와 T님은 같은 M구 주민입니다.
2005년에 했던 전시회를 계기로 알게 된 지는 벌써
약 4년이지만 가까워진 것은 1년도 안 되었지요.
쭉 데면데면한 정도였다가 급하게 친해진 덕분인지
관계의 포지션이 조금 특이합니다.
무척 개인적인 비밀도 이야기하는가 하면
또 여전히 서로를 경칭하는,
- 한때 호칭 재정립에 관한 이야기를
한 적이 있는데, 나는 '언니'라는 호칭 대신
'T님'으로, T님은 세 살 어린 저를 여전히 '혜원 씨'로
부르는 것으로 정착 - 가까우면서도 거리를 두는
특이한 관계가 되었지요.

←미친 포즈 취하기 놀이→
(술)

제주일주계획

전체 일정 4박 5일 중
3박 4일 간 자전거로
한 바퀴를 도는 것.

제주도는 해안도로 기준 약 230km.
반 시계 방향으로 한 바퀴를 돌아볼
계획이다.

수화물로 부친 자전거 박스를 뜯고 재조립을 합니다.

앞바퀴 조립이 잘 되었다 하는 찰나...

제주 여행의 첫 번째 BIG 시련이 찾아왔습니다.

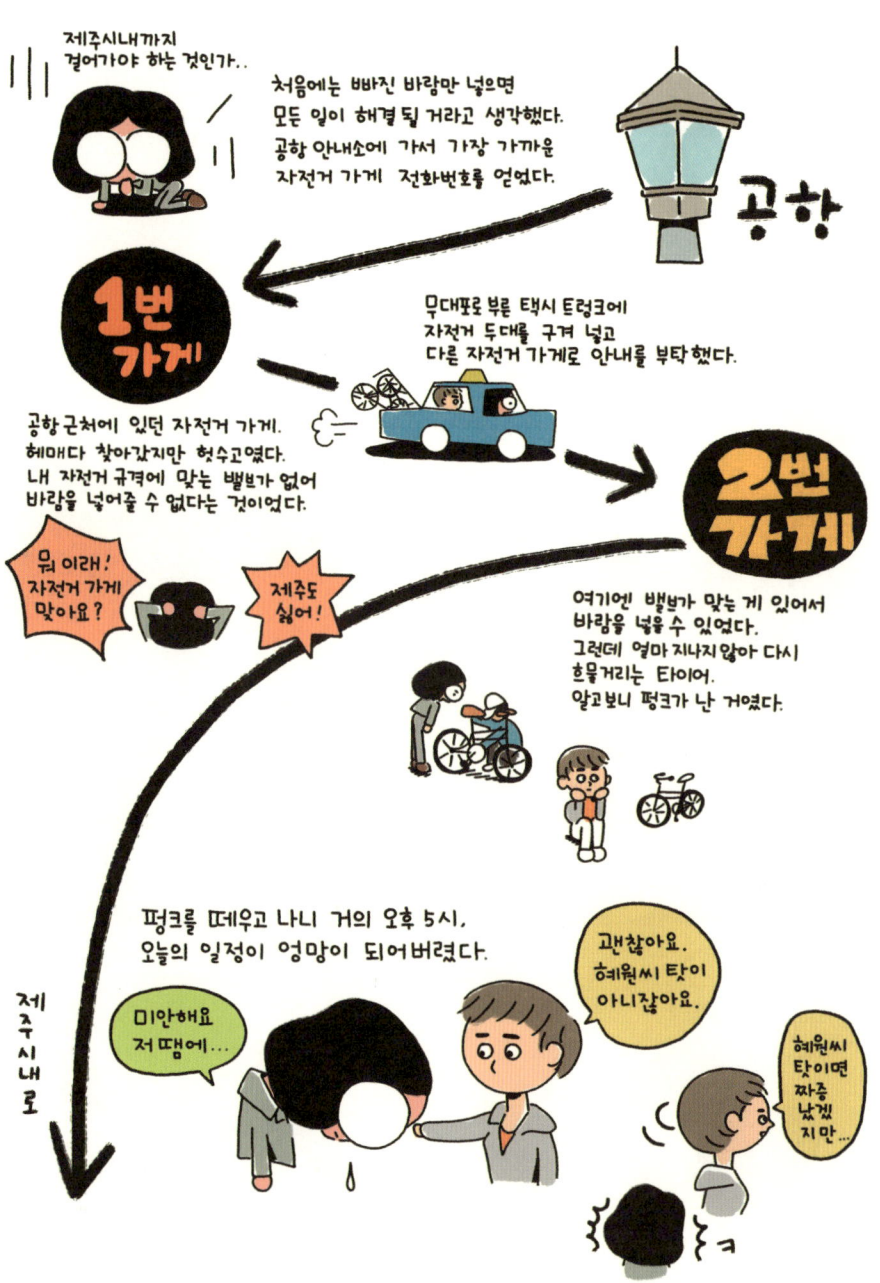

예약한 복층 펜션
우와- 좋다!
우리 여기서 맥주 마셔요!
크아 크아
하아 …
너무 힘든 하루였다.
크크크
… 제주 지옥.
지옥의 제주 여행이네요.
그래요 앞으로는 이런 불행이 없길.

제주에서의 첫날 밤이 저문다.

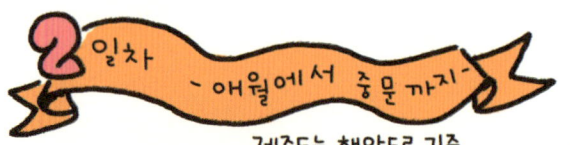

자전거 여행의 장점.
가다가 골목으로 빠져도 되고
남의 과수원에 들어가 놀기도
했다.

가는 길에 왼쪽으로
한라산이 보였다.

오후 3시쯤 표선에 도착!

바닷물에 적신 발을 말리다가
뭐가가 떠올랐다.

아...

고2때 친구 셋과 방학 보충수업을
빼먹고 제주도에 온 적이 있다.
그때 유일하게 했던 해수욕의 기억이 있는데,
바다에 들어간 눈높이로 바라본 어렴풋한 풍경.
그곳이 여기였다. 넓은 해변에서도 하필 내가 앉은 곳.
꿈속의 풍경을 실제로 발견한것처럼 묘한 기분이었다.

4일차

제주도 북제주군 우도면.
우도는 소가 누워 있는 형상이라
우도라고 이름지어졌으며 산호초 모래의
서빈백사가 유명하고 돌하르방,
쇠머리오름,검멀레해안등 우도 8경이라는
볼것이 있다. 자전거로
두 시간 정도면 한 바퀴를
돌 수 있다고 한다.
...그렇다고 한다.

오늘은 제주시로 돌아가는 날이다.
코스가 짧아서 금방 갈 수 있을 듯.
쉬는시간 포함하여 세시간 예상.

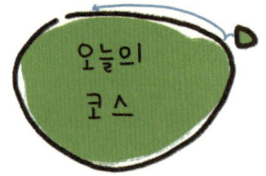

오늘의 코스

우리 저녁에 우도 숙소에 도착해서 먹을 것 사 먹고 잠만 잘.

마트 마트~

술 술~ 과자 과자~

경치엔 관심없고 먹고 쉴 생각만 있는 2人

해안길이 좋다.

모처럼의 여유로운 라이딩~

바람이 불어올 때마다 죽겠구만~

길가의 보리밭

자전거 부치기

김포, 제주공항 수화물 보관소에서 자전거를 포장해준다.
포장시간 약 15분 정도

가격은 만 오천원

앞바퀴분리

앞 브레이크를 풀고 QR레버를 빼면 앞 바퀴가 분리된다.

QR레버

Quick Release 레버.
손잡이 부분을 들어올리고 난 후 빙빙 돌리면 헐거워진다.

여기
브레이크 암은 육각렌치로 한쪽 나사를 풀면 풀린다.

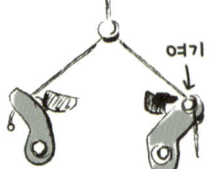

↑
스프링 방향 주의.
공항 도착 후 재조립은 거꾸로 다시하면 됨.

펑크패치하기

물에 넣어 구멍 확인

패치 사이즈에 맞춰 줄칼 같은것으로 표면을 간다.
매끈하면 떨어질 위험이…

접착제를 바르고 좀 기다린다.

붙이면 땡 ♪

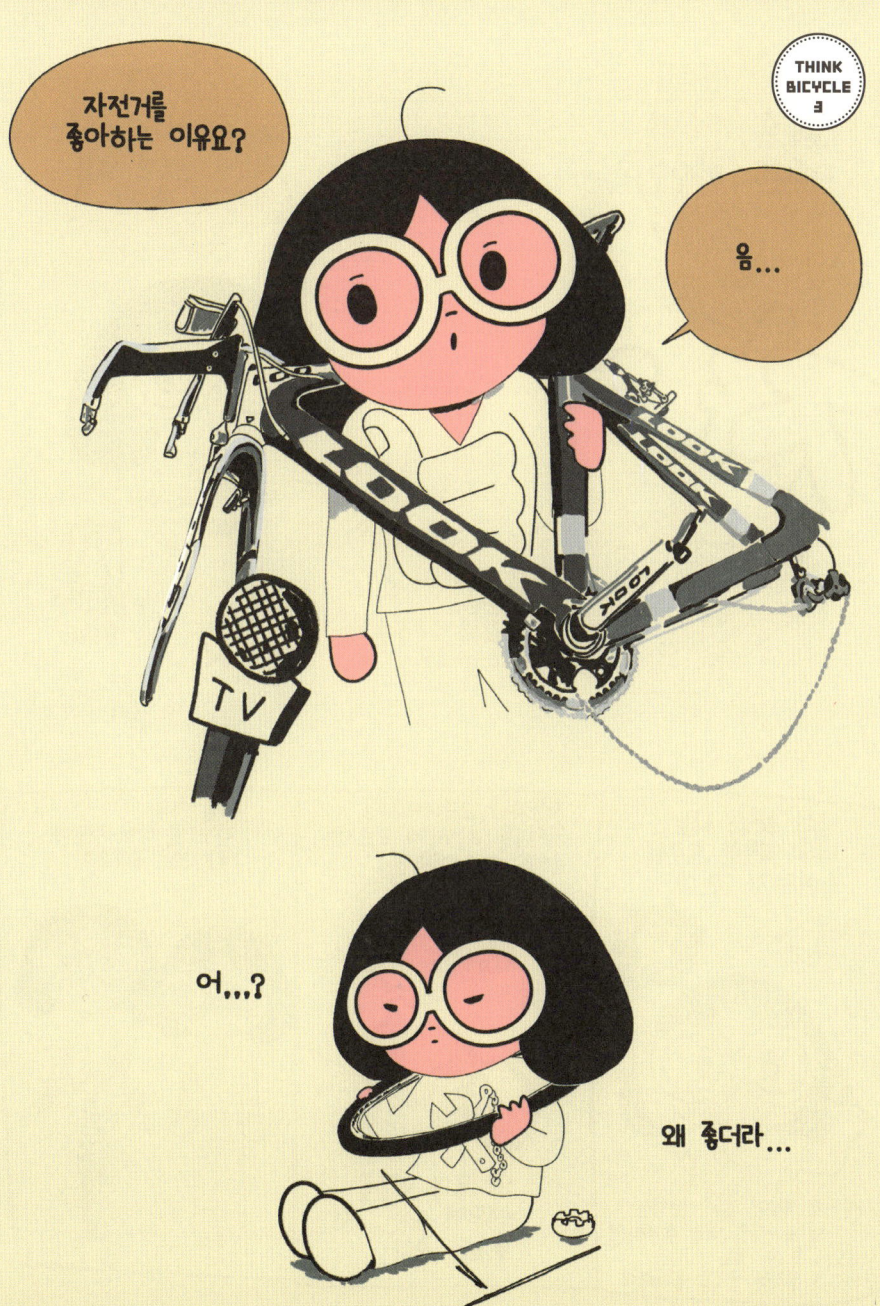

일단은, 예쁘니까??
뼈대가 곧 형태! 필요한 요소만 있는 경제미! 기능미!
짠~
예쁘기만 하냐, 쓸모도 있어! 실용적이고 건강에도 좋지!
꼭 필요한 것만 있으면서 나름대로 멋 부릴 수 있는 요소 충분!
* BISHOP BIKE
* 동장 자전거는 비숍바이크라는 커스텀 프레임 빌더의 작품

나의 취향: 나는 너무 영특한 도구는 좋아하지 않는다
세분화된 기능이 있는 것보다는 사용자의 노가다를 약간 추가하면 다용도로 쓸 수 있는 단순하고 우직한 물건을 좋아한다
자동차나 오토바이처럼 언덕길을 가뿐하게 오르지는 못해도
내 몸의 연료를 태우면 되는 그런 구조가 좋다.
다음 이유. 자전거를 타면 시선이 약간 위로 올라간다.

아주 간단한 차이만으로 기분이 전환되고 생각과 일상이 조금이나마 달라지는, 일종의 마법 같았다.

시야가 조금 달라진 것만으로도 매일 보고 걷던 풍경이 전혀 다르게 느껴진다.

그리고 태어나서부터 살았지만 잘 알지 못하던...

서울이라는 나의 도시가 처음으로 인식되기 시작했다.

마지막 이유.
나는 자전거 타기를 통해 크게 위안받았다.

자전거 타기에는 어디론가 나아가고 있다고 믿게 하는 힘이 있다.

진짜다!

BICYCLE TRIP

오키나와

Okinawa

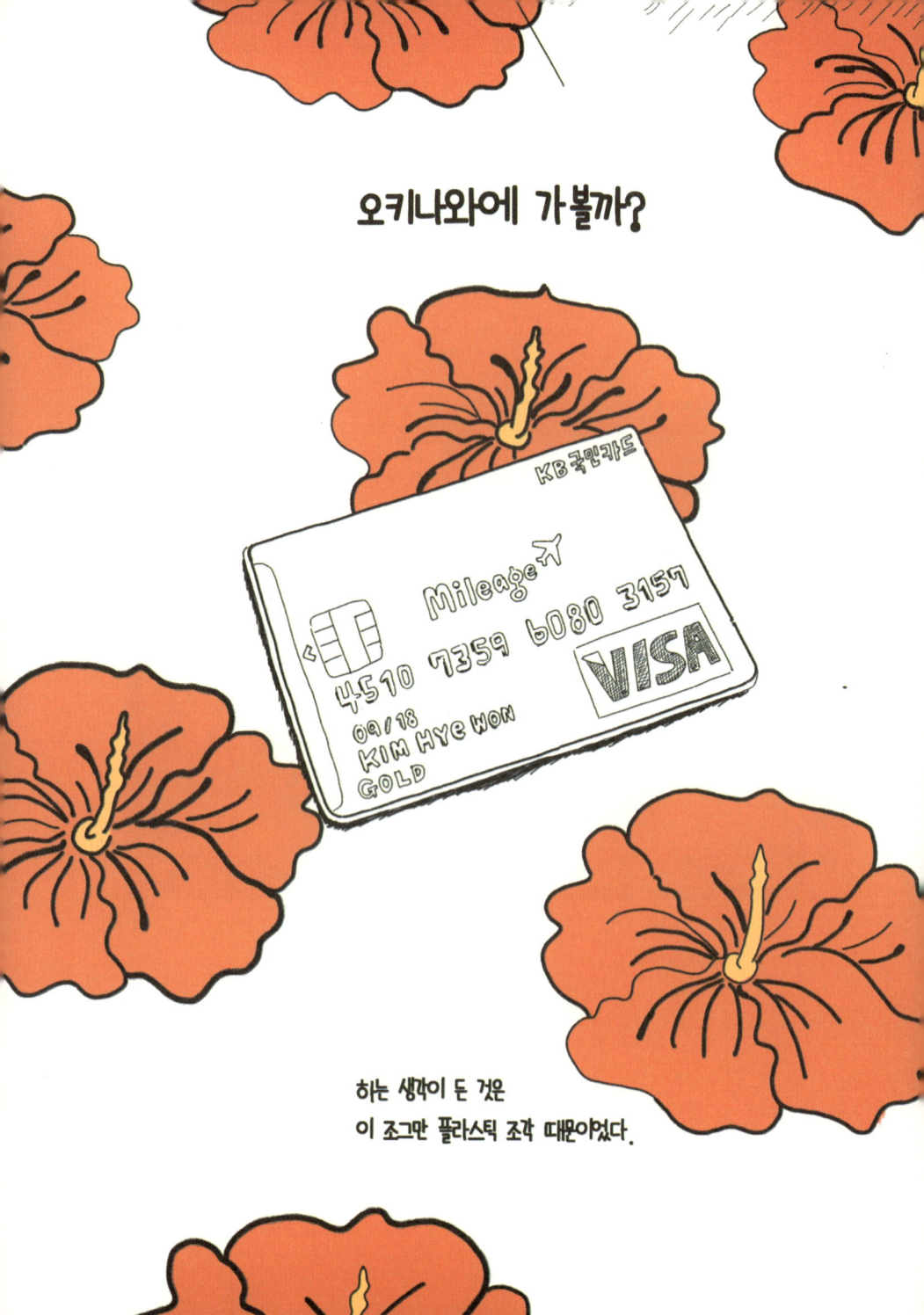

그것은 6년 전에 만들었던 현대인의 필수품, 신용카드.
다른 카드에 비하면 혜택이 거의 없다시피한 대신
마일리지를 쌓아주는 카드였다.

몇 년간 주력 카드로 꾸준히 이용한 결과

축하합니다

어느새 일본/중국 1번,
미국/유럽 1번을 다녀올 수 있을 만한 마일리지가 쌓인 것이다.

유럽   중국 일본 홍콩   미국

1회

그 중 오키나와는 제대로 표를 구입한다면 가장 비싼 행선지였다.
이왕 같은 구간이라면 가장 비용이 많이 드는 곳을 고르는 것이 좋겠다!

1회

본격적인 여행 짐 싸기를 한다.

지금까지는 자전거를 박스로 부쳤었는데, 한번 포장할 때마다 3만원 가량씩 들어서 조금 아깝다는 생각이 들었다.

그래서 자전거 가방을 장만했다!

포장할 때 뒷바퀴까지 빼야하긴 했지만 훨신 경제적

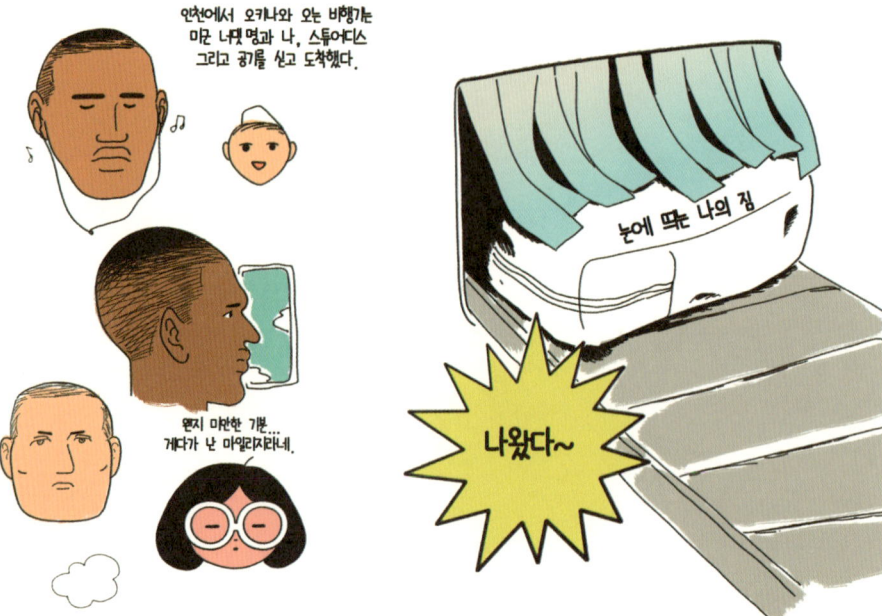

별로 잘 보이지는 않았지만.

끄아앙~~!!!

무서워!!!!!

비 내리는 산속의 내리막길

그래도 어두워질수록 불빛이 아예 없는 것 보다는 나았다.

솨

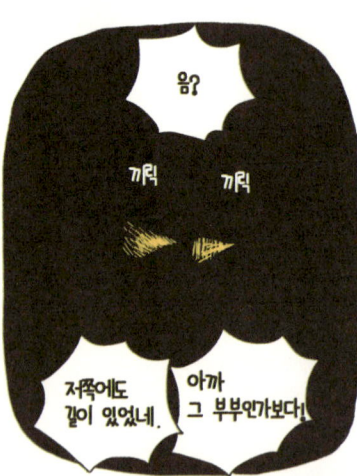

서울에서 출발 전 이메일로 예약한
자마미의 스쿠버샵에서 아침 일찍 숙소로 데리러 왔다.

오늘은 스쿠버다이빙을 하는 날.

다들 구릿빛 피부!

오늘의 다이빙 손님으로는
나 말고 일본인 커플이 있었다.

원래는 다이빙+스탠드업 패들 패키지로 예약한 거였는데,
카드는 못 받는다고 해서 현금으로 내느라 다이빙만 하기로 했다.

다이빙만 하는 데에는 만엔!

자전거 타다가 교통사고가 난 적이 있다.

합정역 사거리에서 자전거를 타고 횡단보도를 건너다가 우회전으로 들어오던 택시에 부딪혔는데

아이고!

정확히 옆으로 부딪혀서 자전거를 탄 자세 그대로 날아가 옆으로 떨어졌다.

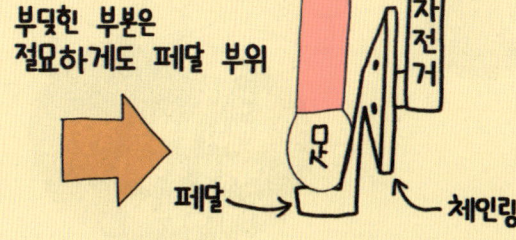

부딪힌 부분은 절묘하게도 페달 부위

페달 → 체인링 ← 자전거

충격으로 체인링 깨짐..

*보행신호라 해도 자전거 타고 횡단보도를 건너는 건 불법.

크지 않은 사고였다. 그렇지만 사고에 대해 이야기 하는 것은 조심스럽다...

지금까지는 그저 운이 좋았을 뿐인지도 모르고, 앞으로 어떤 일이 일어날지 모르기 때문이다.

자전거는 꽤나 빠르고, 그만큼 위험하다.

다음 중 자전거 운전자가 가장 주의해야 할 것은?

다 같이 맞춰볼까요?

1. 폭주하는 차
2. 인도로 뛰어든 차
3. 인도로 가는 행인

사망에 이르는 사고는 물론 1번과 2번입니다.

과장이 없는 실제 사례죠.

하지만 제 생각은 이렇습니다..

1, 2번은 특별히 불행한 경우로, 예방할 방법이 거의 없습니다.

최악의 상황은 한 가지 요인이 아닌 두세 가지 요인이 겹칠 때 일어나죠.

제가 생각하기에 최악은 '작은 1차 사고'가 큰 '2차 사고'로 이어지는 겁니다.

Q

만약 3번의 상황에서 주의력이 흩어진 상태로 비틀거리다가 골목에서 차가 튀어나온다면?

내가 택시에 부딪혔는데 횡단보도가 아닌 달리는 차도 위로 떨어졌다면?

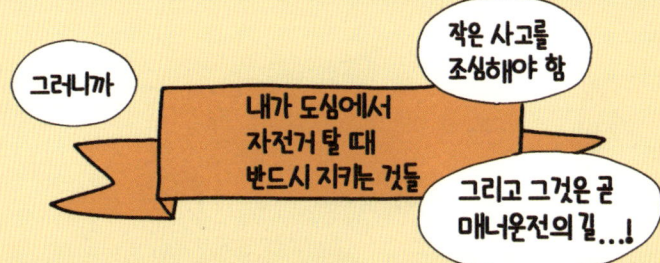

BICYCLE TRIP
1/2박으로 간다

초월적인 에너지로
도약하는것은
없지만

끈질기게
꾸준히 나아가는 것

그것은 또한

그림 그리기를 업으로 하는 것과도
닮았다.

뭐든 할 수
있을 거란
생각과는 달리

멍멍
멍멍

아무것도
잘 되지 않던
시간.

이제 조금은
나 자신을 알고
화해하게
되었다.

드디어 어른이
되었다고
생각한다.

꺄꺄

까르륵

나는 반짝반짝
빛나는 사람은 아니지만
꾸준하게 하는 사람이란 걸
깨닫기까지 오래 걸렸고

만약 내가
자전거를 타지 않았다면
지금의 나와는
조금 다른 내가
되었을 거라고
생각한다.

본 자료화면은
내용과 관계가 없습니다

그렇게, 계속 간다.

네덜란드, 벨기에,
제주, 오키나와에서

드로잉
자전거
여행

© 김혜원 2014

초판1쇄 발행 2014년 7월 29일
초판2쇄 발행 2015년 6월 27일

지은이 김혜원
펴낸이 이기섭
편집인 김수영
책임편집 김남희
기획편집 김송은 전민희
마케팅 조재성 정윤성 한성진 정영은 박신영
경영지원 김미란 장혜정

펴낸곳 한겨레출판(주)
등록 2006년 1월 4일 제313-2006-00003호
주소 121-750 서울시 마포구 공덕동 116-25 한겨레신문사 4층
전화 02)6383-1602 팩스 02)6373-6790
대표메일 cine21@hanibook.co.kr

ISBN 978-89-8431-832-8 13980

책값은 뒤표지에 있습니다.
파본은 구입하신 서점에서 바꿔드립니다.